Das magische AUFRÄUM BUCH

Das magische AUFRÄUM BUCH

Loslassen, Ordnung schaffen,
durchatmen

INHALT

Jedem
Anfang
wohnt ein
Zauber
inne.

HERMANN HESSE

Liebe Leserin und LIEBER LESER,

wahrscheinlich haben Sie dieses Buch gekauft, weil Sie – übrigens genau wie ich vor einigen Jahren – zu der Ansicht gelangt sind, dass sich dringend etwas ändern muss. Zu viele Ihrer Gedanken drehen sich ums Aufräumen, während Sie mit schlechtem Gewissen mitten im Chaos sitzen. Unfähig, Ordnung reinzubringen, jedenfalls keine, die länger als einen halben Tag anhält. Dazu kommt das Gefühl, dass es nicht so richtig losgehen kann mit dem wirklich wahren Leben, bevor nicht ein paar Dinge geregelt und aufgeräumt sind.

Mehr Ordnung in den eigenen vier Wänden und gleichzeitig mehr Klarheit in den Gedanken, das wär's. Sie haben schon viel probiert, um dem Ideal näherzukommen? Eigentlich wissen Sie, wie es bei Ihnen zu Hause aussehen sollte, um sich wirklich wohlfühlen zu können? Und manchmal sieht es eigentlich schon gar nicht so schlecht aus, bis die guten Vorsätze nach wenigen Tagen wieder unter die Räder des Alltagsgetriebes geraten? Genauso ging es mir, bevor ich mir ein paar ganz grundlegende Gedanken zum Thema Ordnung gemacht hatte und mithilfe von ein paar simplen Regeln plötzlich wieder Land sah.

Es ist bereits alles vorhanden

Lassen Sie sich hiermit gesagt sein: Für mehr Ordnung, mehr Klarheit und mehr Glück in Ihrem Leben ist bereits alles vorhanden. Es braucht dafür keine Anschaffung, keinen ausgetüftelten Plan, kein Verbiegen und vor allem keine rabiaten Rundumschläge. Ich habe die Lösung nach einigem Suchen und Probieren gefunden und möchte meine Erkenntnisse und Erfahrungen mit Ihnen teilen. Ich möchte Ihnen zeigen:

* wie Sie die heranrollende Welle der Unordnung brechen, anstatt sich von ihr überfluten zu lassen,
* wie Sie mit System und schrittchenweise auf den Grund Ihres Haushalts vordringen und dabei Ihren kleinen Ticks gleich mit zu Leibe rücken,
* wie Sie durch kluges Sortieren und Lagern dafür sorgen, dass die neu geschaffene Ordnung lange hält,
* und wie positiv sich eine geordnete Umgebung auf Ihr Wohlbefinden und Ihre Lebensgestaltung auswirken kann.

Die Welle brechen

Meistens verpasst man den Moment, wenn das Chaos überhand nimmt und die Ordnung sich leise (im wahrsten Sinne des Wortes) verkrümelt. So als würde man kurz wegschauen, und da bricht es wieder über das Zuhause herein. Aber keine Sorge: Ich habe gelernt, gegen diese Welle zu arbeiten und den Status quo auf diese Weise fast mühelos zu halten. Also können Sie es auch lernen. Große Helfer dabei sind eine Goldene Regel und die Magischen 7. Ich stelle sie Ihnen in den ersten Kapiteln dieses Buches vor, und ich werde immer wieder auf sie zurückkommen.

Zum Grund vordringen

Für dauerhafte Ordnung, die Spaß macht und sich praktisch wie von selbst erhält, braucht es aber noch etwas mehr als diesen Status quo. Über kurz oder lang hilft nichts, als sich klarzumachen, welche von den persönlichen Dingen man wirklich braucht und welche eher belasten. Darum gebe ich Ihnen die wichtigsten Tipps zum Entrümpeln an die Hand. Zum Beispiel kenne ich eine gute Methode, wie Sie herausfinden, woran Sie wirklich hängen. Sie erfahren aber auch, wie man gut erhaltene ausrangierte Dinge loswerden und dabei anderen noch eine Freude machen kann. Es ist einfach, herauszufinden, welche Gegenstände Ihr Leben wirklich leichter und angenehmer machen – und wie man sich von denen befreit, die das Leben nur beschweren. Denn es sollte nur das bei Ihnen bleiben, was Ihnen nützt oder Freude bereitet.

Das Ausmisten und Entrümpeln ist ganz nebenbei eine wunderbare Gelegenheit, sich ein paar Gedanken zu machen, warum wir an manchen Dingen so sehr kleben, obwohl sie uns eher behindern als glücklich machen.

Im Fluss bleiben

Wenn wieder Luft ist in Kopf und Regalen, möchte ich schließlich mit Ihnen zu einer Tour durch die wichtigsten Lebensbereiche starten und überlegen, wie man was am sinnvollsten aufhebt und einräumt. Lassen Sie sich auch hier noch einmal zum Wegwerfen ermutigen, aber vor allem von klugen Sortier- und Lagertricks inspirieren, die ich aus dem Freundes- und Bekanntenkreis zusammengetragen habe. Uns allen zusammen fällt immer etwas Schlaues ein, wie wir unseren Haushalt perfekt organisieren können.

Wenn es Ihnen jetzt schon in den Fingern juckt, gleich mit dem Aufräumen zu beginnen, ist ein Teil meiner Mission bereits erfüllt: Es ist nämlich kein lästiges Übel, sondern ein wichtiger Teil unseres Lebens. Es trägt dazu bei, dass wir uns wohlfühlen und das, worauf es uns wirklich ankommt, klarer sehen. Es hilft uns, nicht nur die Wohnung, sondern auch die Seele auf Hochglanz zu polieren. Nicht weniger als das ist das Ziel.

Zunächst wünsche ich Ihnen viel Spaß bei der Lektüre und danach ganz viele befreiende und beglückende Momente beim Aufräumen und Entrümpeln.

Ihre Inga Scheidt

Aufräumen wie von Zauberhand

Wie sieht es denn hier schon wieder aus?!
Wer lebt, verursacht Unordnung, das ist nun einmal so.
Aber im Grunde ist es ziemlich einfach, die Unordnung im Zaum zu halten. Lernen Sie auf den folgenden Seiten eine Goldene Regel kennen und obendrein noch 7 Magische Tricks.
Und plötzlich sieht die Welt ganz anders aus …

Es geht um nichts weniger als: GLÜCK

Kommen wir zunächst zurück zu dem Wunsch nach mehr Ordnung und Klarheit. Warum fühlen wir uns eigentlich so angesprochen von klaren Räumen, sei es nun in lichtdurchfluteten Kathedralen, im Museum für moderne Kunst oder im edlen Möbelhaus? Auch beim Anblick einer aufgeräumten Wohnung fühlen wir uns direkt wohl und wünschen uns, bei uns zu Hause wäre es genauso ordentlich.

DAS GUTE GEFÜHL, DIE DINGE IM GRIFF ZU HABEN

„Wenn es in meinem Wohnzimmer nur auch so aussehen könnte, dann fiele mir die Arbeit leichter, wäre ich netter zu meinem Mann, könnte ich die Kinder besser erziehen und hätte ich endlich Zeit für meine Hobbys!"

Kennen Sie diese Gedanken? Die vielleicht überraschende Nachricht für Sie: Damit sind Sie nicht allein. Im Gegenteil – vielen von uns (mich eingeschlossen) geht es so. Das Bedürfnis nach Klarheit und Übersichtlichkeit ist den meisten Menschen gemeinsam, gerade weil wir mit äußerer Ordnung mehr verbinden als nur eine glänzende Spüle oder einen freigeräumten, gesaugten Teppich.

Die Gründe dafür sind vielfältig. Die äußeren Umstände spiegeln sich oft in unserem inneren Zustand wider. Im Chaos fühlen wir Verwirrung. Wenn die Umgebung vollgestellt und unübersichtlich ist, kann sich das deutlich auf unser Wohlbefinden auswirken. Die Logik dahinter ist ganz einfach:

Wenn wir mit einem Blick erfassen können, was uns umgibt und wo wir uns befinden, fühlen wir uns sicher und gut aufgehoben. Wir überblicken die Lage und haben das beruhigende Gefühl, die Dinge im Griff zu haben. Umgekehrt kümmern wir uns, wenn es uns nicht gut geht, weniger sorgfältig um unsere Sachen, weil uns der Sinn für Ordnung vorübergehend abhandengekommen ist.

Ordnung ist dem Menschen ein inneres Bedürfnis, zumindest den meisten von uns. Das Gerede vom kreativen Chaos ist doch meistens nur die Ausrede der Aufräummuffel, die auch nichts dagegen hätten, wenn ihnen mal einer den Schreibtisch freiräumen würde. Man darf schon sagen, dass Wohlbefinden und kreative Schaffenskraft meistens auch mit einer überschaubaren Umgebung zusammenhängen. Und so haben wir nichts anderes im Sinn als unser persönliches Glück, wenn wir uns dem Aufräumen widmen oder auch nur wehmütig an ordentliche Regale und Schubfächer denken.

Zeit haben für das, was wichtig ist

Wer seine Dinge in Ordnung hält, hat mehr vom Leben, oder nicht? Haben Sie sich schon einmal überlegt, wie viel Zeit Sie im Leben schon mit dem Suchen von Dingen verbracht haben? Oder mit dem mühsamen Herausklauben von Gegenständen aus Schränken und Schubladen, die Sie zwar oft brauchen, aber dennoch in zweiter Reihe geparkt haben, weil Ihnen der Platz fehlt? Ganz zu schweigen von wichtiger Post, die einem abhandenkommt, weil man sie an einen besonderen Ort gelegt hat, wo sie keinesfalls verloren geht. Nur dass uns jetzt nicht mehr einfällt, wo genau dieser Ort ist.

Zugegeben: Meine Magischen 7 und einfache Routinen können manchmal nerven, insbesondere wenn man müde nach Hause kommt oder abends einfach nur noch ins Bett will. Andererseits werden Sie bald feststellen, dass Hausarbeit keine wochenendfüllende Angelegenheit mehr ist und dass man sich somit dem widmen kann, was man liebt und womit man sich gerne beschäftigt.

Eigentlich ist alles GANZ EINFACH …

Sicher kennen Sie das Gefühl, gerade alles ganz wunderbar aufgeräumt zu haben, um nach nur wenigen Tagen (wenn nicht gar Stunden!) festzustellen, dass nichts mehr davon übrig ist. Die vielen herumliegenden Dinge scheinen sich in kurzer Zeit wie von Geisterhand zu vermehren und gleichmäßig über die Räume zu verteilen. Am Anfang war die Erde öd und leer, aber schon sehr bald wusste man nicht mehr, wohin, wenn man nicht stolpern oder auf einen Legostein treten wollte … Okay, nicht selten sind bei der wundersamen Chaosvermehrung Ehemänner und Kinder im Spiel. Aber die alleine sind nicht das Problem, wenn wir ehrlich sind.

Es liegt einfach daran, dass wir leben, in Bewegung sind, Dinge gebrauchen und verbrauchen, in die Wohnung hinein- und heraustragen, sie abstellen, aufbewahren und wieder mitnehmen. Wir lesen in Büchern und Zeitschriften, probieren Rezepte aus und laden Freunde ein, wir gehen zum Sport oder zum Sprachkurs. Zwischendurch wechseln wir die Schuhe und brauchen eine Regenjacke, trifft Post ein und nehmen wir eine schnelle Dusche. Täten wir all das nicht, wäre unser Leben ziemlich langweilig, deshalb soll es so bleiben, wie es ist: bewegt und im Fluss.

Ein Leben in Fülle

„Wie kann man, während man in vollen Zügen lebt, Kinder erzieht, sich weiterbildet und Zeiten zum Faulenzen braucht, dennoch in einer guten Ordnung leben, die nicht zu aufwendig zu erhalten ist?“, habe ich mich gefragt und mich und andere beim Leben und Aufräumen beobachtet. Mit den folgenden Gedanken möchte ich Sie für die Idee gewinnen, dass Aufräumen etwas ist, was uns guttut. Und damit meine ich nicht nur das Ergebnis, sondern auch das Tun selbst:

- Zum Aufräumen braucht es kein stundenlanges Schuften. Vielmehr geht es um einen Entschluss und den entscheidenden Klick im Kopf. Den Klick können Sie mit ein paar einfachen Tricks bewirken. Dazu gehören zum Beispiel die Magischen 7, mit deren Hilfe Sie es schaffen werden, an den entscheidenden Stellen am Ball zu bleiben und sogar Spaß am Aufräumen zu entwickeln.

- Aufräumen ist eine Frage der Haltung. Wir müssen uns von dem Gedanken verabschieden, dass Aufräumen eine große Aktion ist, zu der wir uns überwinden. Auch das Aufräumen in einem großen Rundumschlag gehört der Vergangenheit an. Schwingt das Aufräumen hingegen immer als leiser Ton im Leben mit, ist es weder schwer noch muss man sich dazu überwinden. Dabei helfen einfache Routinen, die man sich leicht angewöhnen kann, bis sie einem völlig in Fleisch und Blut übergehen.

- Ordnung ist, wie oben schon angedeutet, ein Spiegel der Seele. Wenn es uns nicht gut geht, geht meistens auch die Ordnung in der Wohnung flöten. Das Gute dabei ist, dass diese Wirkung auch umgekehrt funktioniert: Beim Sortieren und Polieren können wir die Seele gleich mit aufräumen und schlagen dabei zwei Fliegen mit einer Klappe. Während die Gegenstände des täglichen Gebrauchs wieder dorthin zurückwandern, wo sie hingehören, glätten sich auch die Gedanken und beruhigt sich die Stimmung. Aufräumen macht eben glücklich.

Aufräumen ist Wellness für die Wohnung

In meiner Vorstellung spreche ich nicht mehr von Ordnung und Unordnung, sondern vom „Fluss der Dinge“. Denn Ordnung ist nichts Statisches, jedenfalls nicht, wenn man nicht vorhat, in einem Museum zu leben und sein Leben der perfekten Ordnung unterzuordnen. Gebrauchen und wegräumen, verbrauchen und entsorgen, schmutzig machen und säubern, kaputt machen und reparieren – all das ist ein Teil des Lebens. Wenn wir lässig auf der Welle mitschwimmen und immer zum richtigen Zeitpunkt eingreifen, bleibt unsere Umgebung trotzdem hübsch und überschaubar. Und wir können aus jedem Handgriff, den wir tun, das sichere Gefühl schöpfen, dass wir etwas für uns tun, für die Familie, für unsere Umgebung und dafür, dass sich alle zusammen wohlfühlen.

Und damit habe ich nun genug über die Ordnung, die Unordnung und das Aufräumen sinniert und möchte Ihnen jetzt endlich meine Regeln im Detail präsentieren.

Die Goldene Regel

Bevor Sie weiterlesen und beginnen, Ihr Heim und Ihre Verhaltensweisen genauer unter die Lupe zu nehmen, möchte ich, dass Sie meine wichtigste Regel erfahren und beherzigen. Es handelt sich dabei um die Goldene Regel der Ordentlichkeit, die Sie sich am besten gleich einprägen und niemals mehr vergessen. Vielleicht möchten Sie sie auch hübsch rahmen und aufhängen – zumindest in Gedanken:

Jedes Ding braucht einen Platz, an den es gehört.

Stellen Sie sich ruhig bildlich vor, wie alle Dinge, die in Ihrem Haushalt unterwegs sind, sich danach sehnen, an einem Plätzchen ihre Ruhe zu haben. Dort sind sie sicher, dort sehen sie gut aus (zumindest einigermaßen) bzw. werden nicht gesehen, und man hat jederzeit Zugriff auf sie.

Während sie sich dort aufhalten, stören sie niemanden, bis zu dem Zeitpunkt, wenn sie gebraucht werden.

Im Umkehrschluss heißt das ganz banal: Wo kein Schuhregal steht, dort fliegen die Schuhe im Flur herum. Wer keinen ausgewiesenen Platz für seine Schlüssel hat, der sucht sie ständig. Und wenn es im Kleiderschrank eng wird, weil nicht jeder Pullover seinen angestammten Platz hat, bilden sich gerne Kleiderberge auf dem Boden davor.

Wir sind von ziemlich vielen Dingen umgeben, für die es keine festen Orte gibt, zum Beispiel Aufladekabel, geöffnete Post, mit der noch etwas passieren soll, oder Schmuck, den wir nicht permanent tragen.

Was immer Sie beim Aufräumen in die Hand nehmen und durch die Wohnung bewegen: Fragen Sie sich, ob Sie genau wissen, wohin der Gegenstand gehört und – wenn es mehrere davon gibt – ob genug Platz für alle vorhanden ist. Hier gilt gleiches Recht für alle: für die kleinen und die großen Sachen, für die schönen und die nützlichen, die wichtigen und die unwichtigen. Diese Regel ist der Beginn aller Ordnung.

Alle
Dinge
brauchen ein
Zuhause.

Die Magischen 7

Trommelwirbel und Tusch: Hier sind sie, die sieben wichtigsten Aufräumregeln auf dem Weg ins geordnete Glück. Ich stelle sie Ihnen hier der Reihe nach vor und werde noch oft auf sie zurückkommen.

Also schauen Sie sie sich genau an, machen Sie nach jedem Absatz eine Pause und vergleichen Sie die vorgeschlagene Methode mit Ihrer Art, mit dem „Fluss der Dinge" in Ihrer Wohnung umzugehen. Vielleicht haben Sie dabei schon die ein oder andere erhellende Erkenntnis:

Die Häppchen-Methode:
Wenn sich das Chaos um Sie herum verdichtet und Sie merken, dass kein Weg mehr daran vorbeiführt, tätig zu werden, dann nehmen Sie sich bloß nicht zu viel auf einmal vor. Gerade wenn man nicht viel Zeit hat, ist es wichtig, sich nicht zu überfordern und gleich wieder am eigenen Perfektionismus zu scheitern. Beschränken Sie sich zunächst auf einen wichtigen Punkt und widmen Sie sich diesem voll und ganz, ohne das Ziel zu weit zu stecken. Womit wir schon beim nächsten wichtigen Punkt wären.

Priorisieren:
Gewichten Sie innerlich, welcher Ort in der Wohnung Ihnen gerade der wichtigste ist. Anstatt wie ein aufgescheuchtes Huhn im Chaos herumzurennen, gehen Sie kurz durch die Zimmer und stellen fest, wo es am meisten brennt. Genau diesem Punkt widmen Sie sich dann und bringen ihn so auf Vordermann, dass er Ihnen Freude macht und zum sicheren Hafen wird. Selbst wenn der Rest der Wohnung noch furchtbar aussieht: Der Blick ins blinkende, blitzende Bad wird Ihnen für heute den Tag retten.

Fokussieren:
Haben Sie sich für einen Schauplatz entschieden, dann arbeiten Sie nur dort und widmen Sie sich ihm voll und ganz. Das ist erstens effektiver und zweitens gut fürs Gemüt. Sonst laufen Sie Gefahr, dass Sie sich beim Gang in andere Zimmer verlieren, weil Sie dort von etwas abgelenkt werden, was Ihnen wichtiger erscheint. Dinge, die an andere Orte in der Wohnung gehören, sammeln Sie an einer Stelle, z. B. im Flur, und bringen sie erst nach getaner Arbeit an ihren angestammten Platz. Stellen Sie je nach Lage der Dinge einen Wäschekorb für den Transport bereit.

Der Scanner-Blick:
Picken Sie nicht wahllos Dinge auf, die Sie kreuz und quer durch die Wohnung tragen, sondern führen Sie Ihren Blick wie ein gut justiertes Instrument über die verschiedenen Schauplätze in Ihrer Wohnung. Mit ruhigem Blick identifizieren Sie die Gegenstände, die nicht an den Ort gehören, an dem Sie gerade aufräumen, und nehmen sie dort weg. Was schon richtig an Ort und Stelle ist, wird Stück für Stück einsortiert. Mit etwas Übung werden Sie in Zukunft nur noch mit dem Scanner-Blick aufräumen.

Auf Kurs bleiben:
Ebenso wie den Scanner-Blick habe ich mir angewöhnt, immer gleichbleibend in eine Richtung zu arbeiten. Am besten von links nach rechts, denn das ist den meisten von uns die natürlichste Richtung. Wir lesen von links nach rechts, und wir verbinden mit der Bewegung von links nach rechts die Bewegung Richtung Zukunft, eine positive Entwicklung. Falls das zu theoretisch klingt: Wenn Sie beispielsweise vor Ihrer Küchenarbeitsplatte stehen und nicht wissen, wo beginnen, dann arbeiten Sie sich einfach von links nach rechts durch alles, was sich dort angesammelt hat, hindurch.

Arbeiten mit der Uhr:
Anstatt hektisch gegen die Uhr zu arbeiten, nehmen Sie die Uhr als Ihre Assistentin mit an Bord. Ich stelle mir immer einen Wecker, der mir vorgibt, wie lange ich an einem Ort in der Wohnung arbeite. Nach einer halben Stunde bin ich dort meistens schon so weit gekommen, dass deutliche Erfolge zu sehen sind. Darum sind 30 Minuten meine Maßeinheit geworden. Nehmen Sie sich keinen Endzustand vor, sondern arbeiten Sie einfach nur konzentriert eine halbe Stunde lang – mit Scanner-Blick (siehe oben).

Nett zu sich sein:
Dieser Punkt ist eigentlich der wichtigste. Denn den meisten von uns steht der Perfektionismus so sehr im Weg, dass wir uns in Details verlieren und kein Ende finden. Quälen Sie sich nicht, sondern verringern Sie lieber die Zielvorgabe. Wichtig ist nur, dass Sie bei jedem Häppchen, das Sie angehen, zu einer kleinen Veränderung im Sinne einer Verbesserung kommen. Wenn es heute nur der geputzte Spiegel im Bad ist, dann soll das so sein. Morgen gehen Sie wieder einen Schritt weiter. Es geht nicht darum, heute ein für alle Mal den Endzustand zu erreichen. Ganz besonders wichtig: Belohnen Sie sich für jeden guten Schritt. Ein Lesestündchen mit Kaffee und Zeitung am aufgeräumten Küchentisch ist zum Beispiel ein schöner Anreiz, ebenso eine Kerze im frisch geputzten Bad.

Routinen FINDEN

Die positive Wirkung von Routinen kann man gar nicht hoch genug einschätzen: Was man gewohnheitsmäßig macht, braucht nämlich keine Entscheidungen und fordert dem Gehirn somit keine Anstrengung ab. Hat man sich einmal daran gewöhnt, gewisse Dinge immer auf eine ganz bestimmte Art und Weise zu tun, geschehen sie in Zukunft gewissermaßen von selbst.

Zu dieser Erkenntnis bin ich gekommen, weil ich viel Zeit im Leben damit verbracht habe, meine irgendwo abgelegten Schuhe, meine Tasche, meinen Schlüssel und sonstige Dinge von A nach B zu räumen, weil ich es zum gegebenen Zeitpunkt verpasst hatte, dies gleich zu erledigen. Dabei ist es eigentlich egal, ob ich die Schuhe unterm Küchentisch abstreife oder sie sofort in den Schuhschrank stelle.

Damit das Aufräumen ganz nebenher und fast unmerklich von der Hand geht, muss man sich austricksen. Denn alles, was man gewohnheitsmäßig und nahezu unbewusst verrichtet, fällt leicht. Alles, wozu man das Hirn über die Maßen einsetzen muss, findet der Organismus schwer umzusetzen. Er wehrt sich dann ein bisschen und ist träge. Darum ist ein Geheimnis meines Erfolgs, mich selbst zu überrumpeln und möglicherweise lästige Verrichtungen routiniert zu erledigen. So, dass es mir selbst gewissermaßen kaum auffällt. In der Summe sorgen meine kleinen Erledigungen dafür, dass die Unordnung in meinem Universum niemals überhand nehmen kann. Es sind dies die sogenannten 3 Routinen, von denen keine mehr als eine Viertelstunde in Anspruch nimmt, wenn ich sie jeden Tag ausführe:

Früher-Vogel-Routine:
Ein guter Tag beginnt mit einigen wenigen Handgriffen, mit denen Sie die Weichen für den Tag stellen. Gewöhnen Sie sich die Morgenroutine unbedingt an, denn sie ist die beste Voraussetzung, damit es später am Tag gut weitergehen kann.

- Frischer Wind im Schlafzimmer: Schütteln Sie direkt nach dem Aufstehen Bettdecke und Kissen ordentlich auf, schlagen Sie die Decken weit zurück, damit die Matratze auslüften kann. Öffnen Sie das Fenster und lassen Sie frische Luft herein.

- Kurzer Check im Bad: Nach der Morgentoilette alle Kleidung aus dem Bad nehmen, Handtücher an den Haken hängen, Wasserspritzer mit einem Lappen wegwischen und einen prüfenden Blick in die Kloschüssel werfen. Jetzt kann jederzeit überraschender Besuch kommen.

- Scanner-Blick durch die Wohnung: Was ist heute dringend zu tun? Spülmaschine ein- oder ausräumen, Wasche abhängen und falten, Kinderzimmer grob aufräumen. Priorisieren Sie, wählen Sie eine Tätigkeit aus und machen Sie sich eine innere Notiz.

Nach Hause kommen:
Eine weitere Schlüsselszene im Tagesablauf ist die Ankunft zu Hause, sei es von der Arbeit, vom Einkaufen oder vom Einsammeln der Kinder aus Schule und Kita. Gewöhnen Sie sich an, die Dinge, die Sie bei sich haben, sofort am immer gleichen Ort abzulegen. Für mich hat diese Routine viel geändert, da ich zu den Leuten gehörte, die gerne einfach alles hinter der Wohnungstür fallen gelassen haben. Das lässt sich ändern!

- Die ständigen Begleiter: Schlüssel ans Schlüsselbrett, Jacke an den Haken, Schuhe ins Schuhregal. Das gilt ganz besonders für Menschen, die immer, wenn sie das Haus verlassen wollen, anfangen, Hausschlüssel und Portemonnaie zu suchen. Sie sparen Nerven und Zeit, wenn Sie sich an diese Routine möglichst bald gewöhnen.

- Legen Sie mitgebrachte Dinge wie Einkäufe, Zeitung oder Post sofort dort ab, wo sie gebraucht werden, bzw. sortieren Sie sie ein. Wenn Sie die Angewohnheit haben, alles, was Sie gerade in Ihre Höhle geschleppt haben, von sich zu werfen, um zunächst etwas anderes zu tun: Ändern Sie das! Der Einkauf ist erst erledigt, wenn Sie die Türen Ihrer Kühl- und Küchenschränke hinter den Vorräten geschlossen haben. Das Gleiche gilt auch für Kinder: Der Schultag ist erst geschafft, wenn der Ranzen im Kinderzimmer am angestammten Platz steht.

• Scanner-Blick, bevor Sie sich in irgendwelche Aktivitäten stürzen: Was ist zu tun? Was steht vom morgendlichen Check noch auf der inneren Liste? Was muss am dringendsten getan werden, damit der Tag gut weitergeht? Auch hier gilt: priorisieren und fokussieren.

Die Abendrunde:

An manchen Tagen mag es schwerfallen, sich nicht vom Sofa direkt ins Bett zu schleppen. Sie werden aber feststellen, dass eine kleine Runde durch die Wohnung gleichzeitig ein schöner Moment der inneren Einkehr ist und eine Möglichkeit, den Tag Revue passieren zu lassen.

• Gehen Sie mit Scanner-Blick durch die Wohnung und bringen Sie alle Dinge, die nicht an ihrem Platz sind, in den für sie vorgesehenen Bereich: Briefe und Papiere zum Schreibtisch, Geschirr aus den Wohnräumen in die Küche, Spielsachen in die Kinderzimmer.

• Prüfen Sie, ob wirklich wichtige Erledigungen liegen geblieben sind, wie zum Beispiel eine dringende Überweisung oder ein Telefonat. Bei der Gelegenheit können Sie auch gleich nachschauen, was für den nächsten Tag ansteht, und entweder eine Liste oder eine innere Notiz machen.

Wichtigstes Ergebnis der Abendrunde ist eine Küche, die Sie am nächsten Morgen freundlich empfängt: Sorgen Sie dafür, dass der Küchentisch frei ist, dass kein schmutziges Geschirr herumsteht und dass alle freien Flächen krümelfrei und gewischt sind. Eine solche Küche ist der beste Start in einen neuen Tag.

Vorsicht, Welle!

Es gibt diese kritischen Momente, wenn die Chaosflut heranbrandet und wir ganz bewusst etwas dagegen tun müssen, dass sie über uns zusammenschlägt. Das sind bei jedem Menschen andere Punkte. Ich habe hier exemplarisch meine Schwachstellen dargestellt, an denen es sich immer wieder entschieden hat, dass die Ordnung flöten geht. Bis ich mir klargemacht habe, dass es an genau diesem Punkt keinen anderen Ausweg gibt, als sofort Maßnahmen zu ergreifen und die Welle zu stoppen. Mit kleinen Schrittchen an der richtigen Stelle gelingt das ganz leicht:

Beispiel 1 Mahlzeiten:
Leider neigen viele Menschen dazu, nach dem Essen die Teller in die Spüle zu häufen – und zwar ganz gleich, ob sie vorhaben zu spülen oder eine Spülmaschine besitzen. Gewöhnen Sie sich an, die Küche gleich nach dem Essen wieder in ihren Urzustand zurückzuversetzen. Der ganze Tisch wird

von allen Beteiligten zusammen abgeräumt. Dreckiges Geschirr gehört entweder in die Spülmaschine oder an eine Stelle, wo sich schmutziges Geschirr ansammeln kann, bis es von Hand gespült wird. Das Abräumen des Tisches schließt mit ein, Salzstreuer und Untersetzer zurückzustellen, gebrauchte Servietten wegzuwerfen und den Tisch abzuwischen. Halb volle Töpfe dürfen nur auf dem Herd bleiben, wenn sie noch abkühlen müssen. Ansonsten wandern die Töpfe oder ihr Inhalt (in Plastikdosen verpackt) gleich in den Kühlschrank. Nur wenn es nach der Mahlzeit aussieht wie vor der Mahlzeit, bleibt die Küche auf Dauer eine Quelle des Lebens und der Entspannung. (Für Essenseinladungen dürfen Sie die Regeln übrigens lockern. Da müssen weder die Gäste mithelfen noch muss der Tisch direkt nach der Mahlzeit blitzblank sein. Das wäre einfach zu ungemütlich.)

Beispiel 2 Taschenkontrolle:
Eigentlich ist es nicht besonders schwer, die Wohnung in einen ordentlichen Zustand zu versetzen. Schwierig wird es nur, wenn man in dieser Wohnung weiterhin leben und sich bewegen möchte. Das Leben besteht nun einmal aus Bewegung, und so herrscht in einer lebendigen Wohnung ein beständiges Kommen und Gehen. Die Bewohner tragen dabei Dinge hinaus und hinein. Besonders dem Hinein sollten Sie einen Moment der Beobachtung gönnen und sich dabei immer einen kleinen Ruck geben – sei es beim Ablegen von Tasche, Mantel und Hut, beim Abstellen der Einkäufe, beim Ausräumen der Sporttasche, beim Auspacken eines neuen Pullovers. Ich habe mir angewöhnt, alle Taschen, die ich bei mir trage, direkt beim Nachhausekommen zu leeren. Sportsachen hänge ich gleich zum Trocknen auf, die Handtasche wird geprüft, ob sich Quittungen, angebissene Äpfel, verklebte Bonbons und Taschentücher darin angesammelt haben.

Beispiel 3 Anprobe:
Beim Ausziehen und Umziehen kommt die schöne Ordnung in Schrank und Zimmer gerne mal unter die Räder. Gewöhnen Sie sich darum an, morgens beim Anziehen direkt Nachthemd, Bettsocken, Wärmflasche und ähnliche Utensilien, die Sie in der Nacht gebraucht haben, an einem Ort zu verstauen und sie nicht auf dem Badezimmer- oder Schlafzimmerboden liegen zu lassen. Umgekehrt gilt beim abendlichen Ausziehen, dass die getragene Kleidung nicht dort fallen gelassen wird, wo man sie auszieht, sondern ordentlich aufgehängt wird. Weil man getragene Kleidung nicht direkt in den Schrank hängen, sondern lieber auslüften lassen möchte, habe ich mir eine kleine Garderobenstange zwischen Kleiderschrank und Wand zugelegt, an der getragene Sachen auf den zweiten Einsatz warten. Die wechseln sich übrigens mit der Nachtwäsche im Schichtdienst ab. Besondere Vorsicht ist beim Anprobieren verschiedener Looks zu einem speziellen Anlass geboten. Da fliegen die Teile gerne schon einmal durch die Gegend, und das Chaos bleibt liegen, weil man gerade keine Lust zum Einsortieren hat.

Bei anderen sind es vielleicht Duschorgien, nach denen das Bad nicht mehr ist wie vorher, ein Fernsehabend, nach dem DVD-Hüllen und Chipstüten das Regiment im Wohnzimmer führen. Beobachten Sie sich einmal, wobei Sie die meiste Unordnung produzieren. Und genau da setzen Sie an ...

Der Fluss der Dinge

Der Schlüssel zum Erfolg war für mich die Vorstellung, dass Ordnung ein Kommen und Gehen ist, ein Fluss, mit dem ich mitgehe. Denn wenn ich permanente, perfekte Ordnung erreichen wollte, dann bliebe mir eigentlich nichts anderes übrig, als mich von allem zu trennen, was mir lieb und teuer ist, und den Rest möglichst wenig zu bewegen. Nun gibt es aber viele Dinge, die einfach ständig in Bewegung sind. Daran wird sich auch durch noch so viel Aufräumen niemals etwas ändern:

- Zunächst sind das **TASCHEN,** darunter natürlich die Königin aller Taschen, die Damenhandtasche, aber genauso Schulranzen, Turnbeutel, Einkaufstüten, Satteltaschen usw. Alle Taschen brauchen einen festen Platz. Unser Flur verfügt über genügend Haken, an denen Handtaschen, Satteltaschen und Stoffbeutel, die regelmäßig gebraucht werden, hängen. So herrschen klare Verhältnisse: Sind sie in Gebrauch, ist der Haken leer, sind sie es nicht, warten sie im Flur auf den nächsten Einsatz. Jedenfalls besetzen sie keine Küchenstühle, liegen nicht auf Regalen herum und stehen einem erst recht nicht im Weg.

- Für erstaunlich viel Bewegung in der Wohnung sorgt **WÄSCHE.** Sie befindet sich nun mal nicht immer im Kleiderschrank oder in der Schmutzwäsche, sondern verbringt mindestens genauso viel Zeit außerhalb: Sie wartet darauf, gelüftet und am nächsten Tag noch einmal angezogen zu werden, oder wird gewaschen und muss trocknen. Sie liegt in ungefaltetem Zustand herum und manchmal auch in gebügelten Stapeln. Sorgen Sie für ein unauffälliges Plätzchen für den Wäscheständer, wenn Sie keinen Trockenkeller oder Ähnliches haben, und für einen Platz für den Wäschekorb – und führen Sie eine Höchstzeit ein, die Wäsche auf dem Ständer bleiben darf, nachdem sie getrocknet ist.

Gleiches gilt für Jacken, Schals, Mützen und Handschuhe, Regencapes, Schirme. Sie gut in Schubladen zu verstauen, bringt meistens nicht viel. Sie müssen schnell griffbereit sein, wenn man rausgeht, und man will sie, zu Hause angekommen, auch schnell wieder loswerden können. Im Herbst und im Winter helfen offene Regale, ebenfalls im Flur, die für alle Familienmitglieder gut zu erreichen sind.

- **Lebensmittel und Geschirr.** Wir müssen nun einmal Nahrung aufnehmen, und wer nicht permanent ins Restaurant gehen möchte, der wird sie auch zubereiten müssen. Auch hier entsteht Bewegung. So ist es nicht damit getan, die perfekte Ordnung im Schrank zu haben, sondern es braucht ein System, nach dem Sie schmutziges Geschirr sammeln und wegräumen. Die Spülmaschine macht es Ihnen leicht. (Übrigens hilft es, wenn man sie fest verschließt, wenn schmutziges Geschirr darin ist, weil Speisereste dann weniger schnell antrocknen.) Wenn man keine Spülmaschine hat, sollte ein Fach vorhanden sein, in dem schmutziges Geschirr gesammelt werden kann.

- **Bücher, Zeitschriften und Zeitungen, DVDs:** Jede noch so gute Ordnung im Regal kann nicht verhindern, dass Bücher in einem Haushalt, in dem gelebt und gelesen wird, durchs Haus wandern. Sie werden im Bett, auf dem Sofa und unterwegs gebraucht. Befüllen Sie Ihre Regale also so, dass noch Platz bleibt für geliehene Bücher, für Neuzugänge und vielleicht auch für Zeitschriften und Zeitungen, wenn Sie dafür keinen eigenen Ständer haben.

- **Post:** Post befindet sich nicht nur im Briefkasten oder in abgeheftetem Zustand in einem Ordner, sondern bewegt sich eine Weile durch die Wohnung. Zum Beispiel, bis alle Familienmitglieder die Einladung zur Hochzeit gelesen haben oder bis Überweisungen getätigt sind oder ein Formular ausgefüllt ist. Zwar leben wir bereits in einer digitalen Welt, aber im Moment bin ich zumindest noch oft von Papierkram umgeben. Ein Platz für unerledigte Post ist darum unabdingbar. Noch wichtiger aber: eine Routine, die sicherstellt, dass Sie die dort deponierte Post auch wirklich bearbeiten.

- Nicht zuletzt **Müll:** Auch der Müll in Ihrer Wohnung folgt der Bewegung von Ebbe und Flut. Kaum hat man ihn entsorgt, nimmt er auch schon wieder zu, zuverlässig wie der Mond. Machen Sie Ihren Müll gut zugänglich. Sorgen Sie dafür, dass auch Besucher Ihr Mülltrennungssystem verstehen. An Türklinken hängende Beutel sind auf Dauer keine Lösung und stiften nur dazu an, sich auch in anderer Beziehung ein wenig hängen bzw. das ein oder andere herumliegen zu lassen.

Eine Frage DER BALANCE

Geordnete Verhältnisse sind einfach eine tolle Sache. In jeder Beziehung, im Leben wie in den eigenen vier Wänden. Wie ich schon erwähnt habe, hängt das eine oft mit dem anderen zusammen. Meistens bildet der Zustand seiner Umgebung ganz gut ab, wie es einem Menschen geht. Das ist wohl der Grund dafür, warum uns eine aufgeräumte Wohnung so am Herzen liegt.

Aufräumen tut uns auch deshalb gut, weil es uns ein Gefühl von Kontrolle vermittelt: Indem ich sortiere und alles an den angestammten Platz zurückstelle, gewinne ich Kontrolle über die Vorgänge in meinem Leben. Ich weiß, wo ich alles sofort finden kann, so wie auch jeder Gegenstand in meinem Haushalt weiß, wo er hingehört. Meine Gebrauchsgegenstände werden regelmäßig benutzt und wandern nach einem ausgetüftelten Zeitplan in die Spül- oder Waschmaschine und wieder zurück an ihre Plätze. Gerade wenn man diesen Tätigkeiten in Ruhe nachgehen kann, ohne das Gefühl zu haben, dem Leben hinterherzurennen, vermittelt das Ordnen, Säubern und Sortieren das wohlige Gefühl, die Dinge gut geregelt zu kriegen.

AUFRÄUMEN IST DISZIPLIN UND LOSLASSEN ZUGLEICH

Wenn uns das durchgehend gelänge, würde es bedeuten, dass unser Leben aus nicht viel mehr besteht als dem Sortieren unserer Habseligkeiten und der Organisation des Haushalts. Aber: Das Leben ist ein Fluss. Mal fließt er einfach ruhig vor sich hin. Aber er kann auch wütend sein und energisch über die Ufer seines Bettes schießen. Das Leben nimmt Tempo auf und reißt uns selbst eine Weile mit. Und wir? Wir passen uns den Gegebenheiten und Erfordernissen an und gehen im Tempo mit. Denn zu leben bedeutet, in Bewegung zu sein und bereit zu sein für Veränderungen.

Je höher das Tempo, desto eher kann es auch mal passieren, dass wir aus dem Tritt kommen und unsere Ordnungsroutinen vernachlässigen oder ganz vergessen. Am Morgen rennen wir geschäftig aus dem Haus und finden mittags zerwühlte Betten und das Frühstücksgeschirr zusammen mit Weingläsern vom Vorabend auf dem Küchentisch vor. Abends ist der Kopf zu voll für sinnvolle Beschäftigung, und wir schleppen uns direkt vom Fernseher ins ungemachte Bett. Während in der Küche immer noch das Frühstücksgeschirr und die Weingläser stehen, zu denen sich noch eine Pizzaschachtel gesellt hat.

Was zu mir gehört, das behalte ich

Solche Phasen gibt es, und das ist auch gut so. Manchmal sind genau diese Phasen die gewinnbringenden, kreativen im Leben. Das Leben ist dann voller Erlebnisse und Erkenntnisse, an die wir uns später erinnern werden. Wir müssen einfach nur lernen, die Phasen zu nehmen, wie sie kommen, und im Fluss zu bleiben.

Dem Fluss passt man sich am besten an, indem man sich durch kleine Unregelmäßigkeiten nicht weiter aus dem Tritt bringen lässt. Es geht nicht darum, Regeln eisern einzuhalten und sich ihnen unterzuordnen. Wenn mal an einem Abend keine Zeit bleibt für die abschließende Routinerunde durch die Wohnung, dann geht es eben am nächsten Tag damit weiter.

Wenn uns der Fluss des Lebens fortträgt, müssen wir uns nicht gleich dem Gefühl ergeben, dass das alles nicht zu schaffen sei. Genau dann ist der Zeitpunkt gekommen, sich wieder auf die Magischen 7 zu besinnen und sich klarzumachen, dass Ordnung zu halten keine große Sache ist, sondern aus lauter kleinen, nicht besonders anstrengenden Schritten besteht. Dass jedes kleinste Häppchen, das wir uns vornehmen, eine Wirkung zeigt. Dass auf ein Häppchen das nächste folgt. Dass wir bei den Routinen die innere Ruhe wiederfinden und damit auch neue Kraft.

Genau wie effektives Aufräumen steht auch Entrümpeln hoch im Kurs, und auch ich habe dazu einiges zu sagen, wie Sie in den folgenden Kapiteln lesen werden. Nahezu jedem Haushalt täte es gut, mal abzuspecken und die alten Schlacken loszuwerden. Platz zu schaffen in den Ecken, Türen wieder locker schließen zu können.

Dennoch gehören nicht alle von uns zu den asketischen Typen, die nichts besitzen wollen und Wohlbefinden mit leeren Räumen gleichsetzen. Es gibt eben auch die Sammler, die ihre Erinnerungen gerne in Form kleiner Souvenirs um sich haben, die Geschenke sorgsam hüten und das Besondere in so vielen kleinen Dingen entdecken, dass sie sie bewahren möchten.

Passionierte Köchinnen und Köche beispielsweise haben gerade deshalb Freude bei der Arbeit, weil sie mit diversen Hilfsmitteln leichter von der Hand geht und darum mehr Spaß macht. Wenn Sie Freude daran haben, den Blick über zehn Töpfe in verschiedenen Größen schweifen zu lassen – warum nicht!

Was zu viel ist, ist zu viel

Das Gleiche gilt für den Kleiderschrank, Accessoires und Schminksachen. Schlichte Garderobe ist nicht jedermanns Sache. Für manche gehört es eben zur Lebensqualität, Vielfalt zu zelebrieren, sie leben von der Abwechslung und von immer neuen Kombinations- und Gestaltungsideen.

All das sind persönliche Entscheidungen, die wenig zu tun haben mit Trends. Problematisch wird es nur, wenn die schönen Erinnerungen mit der Zeit zu Staubfängern werden, die das Auge nicht mehr erfreuen, wenn man ehrlich zu sich ist. Oder wenn das Auffinden eines bestimmten Gegenstands so viel Zeit in Anspruch nimmt, dass man ins Grübeln kommt, wozu man den ganzen Kram eigentlich angehäuft hat.

Finden Sie auch hier Ihre Balance. Stellen Sie regelmäßig infrage, ob Sie alles, was Sie haben, auch wirklich brauchen. Wenn die Antwort Ja lautet und Ihr Herz dabei glücklich schlägt, dann umso besser. Dann gilt es lediglich, gute Möglichkeiten zu finden, um sämtliche Kostbarkeiten zu verstauen und wieder auffindbar zu machen. Und die gibt es, wenn man kreativ an die Sache herangeht.

Wenn Sie merken, dass es mit den Routinen und den Magischen 7 nicht getan ist, dann liegt das wahrscheinlich an Ihrem Haushalt und nicht an Ihnen.

Dann ist da zu viel im Weg, und zu viele heimatlose Gegenstände weigern sich beim Aufräumen, einen guten Platz einzunehmen. Weil sie eben keinen haben und daher an den unmöglichsten Stellen herumliegen, um im Bedarfsfall doch nicht griffbereit zu sein!

Im folgenden Teil möchte ich mich dem Thema nähern, wie wir unseren Kram reduzieren können, damit die Tricks und Routinen auch greifen können. Das ist kein Grund, feuchte Hände zu bekommen. Entrümpeln kann eine sehr entspannende Sache sein. Lehnen Sie sich erst einmal zurück, blättern Sie vorsichtig um und lassen Sie meine Gedanken zum Thema „Kram und Zeug und wie man es loswird" auf sich wirken.

Wohin mit Kram und Zeug?

Schrittchenweise und mit System dringen wir nun auf den Grund des Haushalts vor und sorgen dabei für Luft in Köpfen und Regalen. Wer erst einmal auf den Geschmack gekommen ist, weiss, dass beim Entrümpeln so manche schlechte Erinnerung gleich mit auf dem Müll landet und dass Ausmisten zur echten Befreiung werden kann.

Weg damit! Die Kunst des Wegwerfens

Sie haben festgestellt, dass es für Ordnung in Ihrer Wohnung mehr braucht als gute Aufräumroutinen. Weil Sie zu oft über etwas gestolpert sind, was sich nicht unterbringen lässt zum Beispiel. Oder weil der Gedanke an den überfüllten Kleiderschrank es schwer macht, die Wäsche immer sofort aufzuräumen. Weil zusammen mit dem Staubsauger gleich noch jede Menge Kisten, Taschen und Tüten aus der Putzkammer purzeln. Da ist eine innere Sperre eingetreten, und wenn man dreimal dagegengerannt ist, wird es Zeit, auf andere Weise tätig zu werden. Es muss Luft rein in die Schränke und Regale.

Werfen Sie schlechte Erinnerungen gleich mit in den Müll.

Luft für Schränke und Kopf

Ein bekannter Störenfried bei solchen Aktionen ist der allseits bekannte innere „Sammler und Bewahrer“, der immer Argumente findet, warum man etwas behalten sollte. Und zwar für jeden Gegenstand, und sei er noch so nutzlos. Ich möchte diesen Kerl hier entlarven und seine Argumente auf den Kopf stellen, und vielleicht möchten Sie mir dabei folgen:

1. Die mit dem Gegenstand verbundene Erinnerung

„Diese Obstschale habe ich zum letzten runden Geburtstag bekommen!“ Oder: „Immer wenn ich in dem alten Lehnstuhl sitze, denke ich an meine Tante“ – um nur zwei Beispiele zu nennen. Oft sind Gegenstände mit der Erinnerung an Personen oder ein Ereignis verbunden. Behalten Sie das gute Stück zur Erinnerung? Oder halten Sie womöglich an etwas fest, wovon Sie sich lösen möchten? Seien Sie hier ehrlich zu sich selbst.

2. Die Anschaffungskosten

Manche Dinge waren teuer oder Sie haben sie nur mit viel Aufwand bekommen, z. B. eine halbe Nacht bei einer Online-Auktion gefiebert oder eine längere Fahrt dafür unternommen. Leider hat sich der Kauf später als überflüssig herausgestellt, obwohl Sie damals so überzeugt davon waren. Daran ändert sich auch dann nichts, wenn Sie das Teil jetzt behalten, nur weil es teuer oder schwer zu finden war.

Denken Sie nicht in Geldsummen, die Sie bereits ausgegeben haben. Das bringt nur Frust. Wenn es für die Rückgabe zu spät ist und es mit dem Weiterverkaufen nicht klappt, lohnt es nicht, noch Gedanken an den Kaufpreis zu verschwenden.

3. Der Nutzen in ferner Zukunft

Ein gerne genutztes Argument ist: „Das kann man irgendwann noch gebrauchen!" Das mag sein, aber diese Aussicht ist zu ungewiss, und der jahrelange Nicht-Gebrauch spricht dagegen. Oft sieht man Dinge auch als wertvolle Erinnerungsstücke in der Zukunft. Derzeit schaut man seine Fotos nie an, aber im hohen Alter wird man dankbar für die Erinnerung sein. Hier gilt: Bleiben Sie im Hier und Jetzt. Nur das, was zum jetzigen Zeitpunkt von persönlichem, ideellem Wert für Sie ist, wird es auch später noch sein.

Wegwerfen für Anfänger: JEDEN TAG EIN TEIL

Um sich der Kunst des Wegwerfens zu nähern, beginnen Sie mit einer unter Entrümpelungskünstlern erprobten Methode: Entsorgen Sie jeden Tag ein Teil. Beginnen Sie ganz vorsichtig, wenn Ihnen das Wegwerfen Probleme macht. Am besten mit etwas Einfachem, vielleicht einem Stapel halb gelesener Zeitschriften, einem Bündel alter Putzlappen oder dem sich niemals reduzierenden Vorrat an Plastiktüten. Arbeiten Sie sich weiter zu Staubfängern im Wohnzimmerregal, einer seit Jahren kränkelnden Topfpflanze, niemals genutzten Eierbechern. Beobachten Sie den inneren Sammler dabei und weisen Sie ihn in seine Schranken.

Übung mit Trainingseffekt

Das Gute an dieser Methode ist, dass Sie sich langsam an schwierigere Fälle heranarbeiten, während Sie sich nicht überfordern. Sie werden bald den erleichternden Effekt des Wegwerfens spüren und Lust auf mehr davon bekommen. Mehr vom „Weniger" gewissermaßen. Ich habe diese Übung eine Weile praktiziert, bis ich plötzlich Dinge in der Hand hatte, die ich jeden Tag benutzte, während ich überlegte, ob ich sie entsorgen könnte.

Lassen Sie es so weit nicht kommen, aber halten Sie die Augen offen, worauf Sie verzichten können. Schauen Sie sich zu Hause um, bevor Sie den Müll wegbringen. Verschenken Sie spontan, wenn jemand Gefallen an einem Ihrer Problemfälle äußert. Auf diese Weise verschwinden kaputte, unbrauchbare und überflüssige Dinge nach und nach aus Ihrem Haushalt.

Es macht
glücklich,
wenig zu
benötigen.

Lieblingsstücke ERKENNEN UND behalten

Zwei große Ziele wollen wir beim Entrümpeln erreichen: Zum einen wollen wir den Bestand unserer Besitztümer in eine befreiende Ordnung bringen, zum anderen müssen wir daher reduzieren. Allerdings sollten bei der Aktion nicht versehentlich geliebte Stücke unter die Räder kommen, die Sie später vermissen werden. Vorwärtszukommen und dabei eine Wahl zu treffen, die Sie nicht bereuen, ist oft gar nicht so leicht.

Einerseits müssen Sie beherzt vorgehen. Es wird Momente geben, in denen Sie ein wenig streng zu sich sein müssen und den mit Fusseln übersäten Wollpullover loslassen sollten. Wenn Sie das nicht tun, hat sich am Ende des Tages am Zustand des Kleiderschranks nichts geändert. Auf der anderen Seite haben Sie manche Dinge ein Leben lang begleitet, und Sie verbinden vielleicht besondere Erinnerungen damit.

Bei Zweifelsfällen können Sie eine Methode ausprobieren, die schon von manchen Aufräumprofis erfolgreich angewendet wurde. Sie hat das Ziel, Lieblingsstücke zu erkennen, indem man eine Beziehung zu den Gegenständen aufbaut und ergründet, welche Gefühle und Energien mit ihnen verbunden sind.

WAS MACHT MICH WIRKLICH GLÜCKLICH?

Ich war anfangs, als ich davon hörte, extrem skeptisch, weil mir solche esoterischen Praktiken fernliegen. Aber diese hat mir in so vielen Fällen weitergeholfen, dass ich sie Ihnen nicht vorenthalten möchte. So funktioniert's:

1. Kontakt aufnehmen:
Nehmen Sie den fraglichen Gegenstand in die Hand, spüren Sie sein Gewicht, befühlen Sie ihn, drücken Sie ihn eine Weile ans Herz. Spüren Sie nach, was er Ihnen bedeutet. Wie ist er in Ihr Leben gekommen? Welche Gefühle und Erinnerungen löst er in Ihnen aus? Erfreut er Sie oder belastet er Sie eher?

2. Resonanz spüren:
In den meisten Fällen wird Ihnen Ihr Körper eine Antwort auf die Frage geben, ob er sich von dem Gegenstand trennen möchte oder nicht. Sie werden an seiner Reaktion spüren, ob Sie dieses Ding noch brauchen oder ob Sie es wie einen Schatz hüten, weil Sie etwas mit ihm verbinden. Spüren Sie Ihrem Herzschlag nach und Ihrem Atem.

3. Symbolik auflösen:
Wenn Ihnen das Gefühl klarer geworden ist, trennen Sie den Gegenstand von den mit ihm verbundenen Erinnerungen und Emotionen, die Sie erfreuen oder belasten. Manches vermeintlich teure Stück schleppt man schon ein halbes Leben mit sich herum, weil man sich von einer Erinnerung nicht lösen kann. Bei anderen Gegenständen ist es vielleicht so, dass Sie sie lange nicht beachtet haben, bei der Prüfung aber bemerken, wie viel sie Ihnen wert sind und wofür Sie sie noch benutzen können.

4. Entscheiden:
Wenn Sie spüren, dass Sie den Gegenstand nicht nur wegen seiner Symbolik behalten, sondern weil er Ihnen gefällt, Ihnen nützlich ist oder Sie glücklich macht, bleibt er. Räumen Sie ihm einen besonderen Platz ein.

Loslassen erfordert Mut und Muße

Planen Sie etwas Zeit fürs Entrümpeln ein. Geben Sie sich bei aller Entschlossenheit ein wenig Raum, bei einigen Stücken in Erinnerungen zu schwelgen. Vielleicht möchten Sie eine alte CD noch einmal auflegen, um zu hören, was Ihr Herz vor Jahren einmal höher schlagen ließ. Vielleicht wollen Sie noch einmal in einen alten Brief hineinlesen, um den ganzen Stapel jugendlicher Emotionen getrost wegwerfen zu können. Vielleicht ist es für Sie wichtig, noch einmal in das alte Sommerkleid hineinzuschlüpfen, um sich mit eigenen Augen vor dem Spiegel davon zu überzeugen, dass es halt einfach nicht mehr passt (und das ist auch gut so).

Umso schöner ist es, wenn Ihnen dabei klar wird, welche Lieblinge sich unter Ihren Sachen befinden und wieder in Ihren Fokus und Alltag rücken.

Schön war's
MIT DIR

Für manche (und hoffentlich nicht zu wenige Teile) ist nun der Moment des Abschieds gekommen. Der Reiseführer ist hoffnungslos veraltet, das Kleid ist und bleibt zu eng, und keine Diät wird mich da je wieder hineinbringen, die Salatschleuder ist an sich eine gute Erfindung, aber ich benutze sie einfach niemals. Wenn es sich um Gegenstände handelt, mit denen wir viel Zeit verbracht haben, ist der Moment, sie im Müll verschwinden zu sehen, unangenehm. Fast scheint es so, als seien die Dinge plötzlich belebt. Warum das so ist, lässt sich leicht erklären: Oft sind sie mit einer Lebensphase, mit einem besonderen Menschen oder einem bestimmten Ereignis so verbunden, dass wir das Gefühl haben, diese Lebenszeit oder gar den Menschen gleich mit in den Müll zu befördern.

Zeit, Abschied zu nehmen

Gehen Sie die Dinge in Gedanken durch und überlegen Sie, ob sie wegen ihrer Symbolik, wegen ihres Nutzens oder einfach wegen eines reinen Glücksgefühls für Sie wichtig sind. Jede Lebenserfahrung bleibt, wenn sie prägend war. Die Erinnerung an einen geliebten Menschen oder ein schönes Erlebnis auch. Die Freude, die Sie hatten, geht nicht verloren mit dem Abschied von einem Gegenstand.

Verabschieden Sie sich freundlich von ihm, indem Sie würdigen, was Sie zusammen erlebt haben. Schauen Sie ihn noch einmal an, nehmen Sie ihn in die Hand, machen Sie vielleicht ein Foto vom alten Teddy und sagen Sie Tschüss. Er wird es Ihnen nicht übel nehmen, dass er Sie nicht bis ans Lebensende begleiten darf. Vielmehr hat er seinen Dienst getan, alle Erwartungen erfüllt und kann nun getrost in die Mülltonne wandern oder den Besitzer wechseln und diesen glücklich machen.

Kistentricks

Mit drei Kisten in die Freiheit

Stück für Stück in die Hand zu nehmen und für „Gehen oder bleiben“ zu entscheiden, ist nicht notwendig und würde auch zu lange dauern. Fürs effizientere Entrümpeln gibt es eine Methode, die das Sortieren und das anschließende Entsorgen leichter macht.

1. In die Müll-Kiste kommt alles, was wirklich weggeworfen werden kann, also Dinge, die unwiderruflich kaputt und unbrauchbar sind.

2. In die Trödel-Kiste packen Sie alles, was jemand anders noch gebrauchen kann. Dinge, die Sie z. B. im Internet, auf dem Flohmarkt oder einer privaten Tauschbörse noch loswerden können.

3. Die Schatzkiste ist die Kiste für Besonderheiten und Ausnahmen. Nicht alles, was in Ihrem Haushalt bleiben soll, muss nützlich oder schön sein. Ein paar Dinge haben eine besondere Berechtigung zu bleiben, weil sie einen ganz besonderen Status haben. Sie bekommen einen besonderen Platz.

Mithilfe der drei Kisten machen Sie sich klar, zu welcher Kategorie Ihre Besitztümer gehören. Oft weiß man das nämlich erst nach genauerer Betrachtung bzw. nach dem Sortieren.

Kiste der schwierigen Fälle

Wenn man Ihnen aufzählen würde, von welchen Gegenständen Sie sich im Leben schon getrennt haben oder welche Ihnen abhandengekommen sind, sei es durch Verschleiß oder Verlust, würden Sie sich wahrscheinlich wundern. Man macht sich gar nicht klar, was man bereits alles besessen hat. Vieles, was früher lieb und teuer war, braucht man heute nicht mehr. An so manchen Verlust, den Sie vielleicht bedauert haben, erinnern Sie sich womöglich nicht einmal mehr. Machen Sie deshalb ruhig einen Test mit ein paar zweifelhaften Gegenständen, die Sie sich nicht wegzugeben trauen. Wenn keine der drei Kisten passt, dann ernennen Sie doch eine weitere Kiste zur „Kiste der schwierigen Fälle". Dort hinein kommt alles, was wehtut: Erinnerungsstücke, die Sie nicht wirklich behalten wollen, gut gemeinte Geschenke, eng gewordene Kleidung. Die verstauen Sie im Keller oder auf dem Speicher. Wenn Ihnen nach ein paar Wochen schon nicht mehr einfällt, was Sie in die Kiste gepackt haben, muss sie Ihr Lager verlassen.

Notieren Sie dennoch außen auf der Kiste, was sich darin befindet. So vermeiden Sie, dass Sie sie öffnen und bei schummrigem Keller- oder Speicherlicht darin herumsuchen müssen, wenn Sie es sich anders überlegen und doch noch etwas brauchen.

Die Waage halten

Alles Wegwerfen hilft nicht, wenn währenddessen wieder neue Einkäufe aller Art in die Wohnung wandern. Machen Sie es sich zur Regel, dass für jedes Teil, das neu in Ihre Wohnung kommt, ein altes weichen muss. Denken Sie dabei in Kategorien: Für ein neues Paar Schuhe fliegt ein altes Paar raus, für zwei neue Tassen weichen zwei alte, und wenn ein neues Buch gekauft wird, dann (abgesehen von Schnäppchen) nur, wenn das alte ausgelesen oder aussortiert ist.

Routinen beim Wegwerfen

Genau wie beim Aufräumen kann man auch im Wegwerfen Routinen entwickeln. Routinen sind immer gut, weil man Dinge automatisiert tut und darum weniger Hirntätigkeit ins Nachdenken investieren muss.

- Schauen Sie sich bei jedem Verlassen der Wohnung nach etwas um, was entsorgt werden kann, und klemmen Sie es sich sofort unter den Arm.

- Halten Sie sich bei jedem Zweifelsfall vor Augen, dass in den meisten Fällen die Freude über den gewonnenen Platz viel größer sein wird als das Bedauern über die Lücke.

- Sorgen Sie für ein gutes Müllsystem in Ihrer Wohnung, z. B. gut zugänglicher Papier- und Plastikmüll, geräumige Tonnen und Mülltüten.

Übrigens: Wenn es mir drinnen zu eng wird mit dem alten Zeug und ich noch keinen Anfang finden kann zum Ausmisten, befolge ich den Rat einer guten Freundin: einfach raus in die Natur, den Wind in die Nase halten. Die Frische, Weite und Reinheit der Natur haben mich bislang immer inspiriert, auch drinnen für mehr Klarheit zu sorgen. Schließlich werfen die Bäume jedes Jahr ihre Blätter, Kastanien, Eicheln etc. ab ohne jeden Gedanken an: „Aber die sind doch noch gut, und mit etwas Mühe könnte man damit noch etwas anfangen ...“

Alle helfen mit

Im Grunde sind Tipps zum Aufräumen auch Paartherapie, denn meistens drehen sich die Probleme von Paaren und Familien, die zusammenleben, ums Aufräumen, Ordnunghalten, um das Horten oder Entsorgen von Dingen und auch um den Umgang mit Müll – oder was der eine dafür hält und der andere nicht.

Gemeinsames Aufräumen wirkt manchmal wie Familientherapie

Es ist nicht immer sinnvoll, größere Entrümpelungsaktionen gemeinsam durchzuführen, weil man dann vor lauter Diskutieren nicht zum Arbeiten käme. Andererseits sollte man niemals, wirklich niemals ungefragt etwas wegwerfen, wovon man glaubt, der andere brauche es nicht mehr. Das gilt für Partner, WG-Bewohner und ganz besonders für Kinder. Ich habe da einige eindrückliche Erfahrungen gemacht. Zusammenfassend kann man sagen, dass man beim gemeinsamen Entmüllen und Aufräumen viel voneinander lernen kann. Wenn man gemeinsam ans Werk geht, sollte man allerdings einige Grundsätze beachten:

1. Alle werden gefragt:
Wenn sich einer allein das Ziel setzt, die ganze Wohnung zu entrümpeln, wird er bald auf berechtigten Widerstand stoßen. Wenn Sie also den Plan gefasst haben, dass sich etwas ändern muss, dann werben Sie für Ihre Aktion. Machen Sie dabei auch deutlich klar, dass Ihnen die Sache wichtig ist.

2. Zeitpunkt festlegen:
Treffen Sie eine feste Vereinbarung, wann es losgehen soll. Vielleicht lädt auch ein verregneter Sonntag dazu ein, spontan zu beginnen. Halten Sie schon einmal genügend Kisten und Tüten für den Fall bereit, dass Sie unvermittelt die Entrümpelungslust packt.

3. Entscheidungsgewalt festlegen:

Überlegen Sie, ob es Bereiche gibt, die man untereinander aufteilen kann. Wahrscheinlich gibt es einige, in denen nur gemeinsam entschieden werden kann, damit es nicht am Abend lange Gesichter gibt, weil das halbe Bad ohne Absprache leer geräumt wurde. Wo die Zuständigkeiten klar sind (z. B. Ihre Strickecke oder seine Werkbank), sollten Sie einander ungestört arbeiten lassen. Kinder füllen das Aussortierte in Säcke, gehen zum Kleidercontainer oder helfen dabei, die Wäsche zusammenzulegen.

4. Pausen machen:

Richtiges Aussortieren und Aufräumen dauert und kann deshalb auch frustrierend sein. Damit man nicht über dem komplett ausgeräumten Kleiderschrank die Lust verliert, sollten Sie eine kleine Stärkung für alle bereithalten.

5. Neue Plätze und Rituale finden:

Der schönste Teil der gemeinsamen Aktion ist es, zusammen herauszufinden, wie man es sich in Zukunft bequemer und gemütlicher machen kann. Wenn beispielsweise der Esstisch endlich von allem befreit ist, was sich dort angesammelt hat, freut man sich auf gemeinsame Spieleabende. Ein freies Regal aus dem Wohnzimmer passt neben den Schreibtisch und sieht dort viel besser aus. Im Wohnzimmer hingegen kann man jetzt Yoga machen ...

6. Regeln vereinbaren:

Wenn alle gut gelaunt am Werk sind, kann man gleich auch noch ein paar Regeln aufstellen, z. B. dass in Zukunft nichts mehr

auf dem Esstisch herumliegen soll, damit nicht vor jeder Mahlzeit abgeräumt werden muss.

7. Feiern und ruhen:
Die frische Wohnung und die neue Übersichtlichkeit sind schon ein Teil der Belohnung. Trotzdem gibt es, wenn alles geschafft ist, noch ein Extra für die ganze Truppe. Einen Kinoabend für die ganze Familie oder Pizza für alle – ganz gemütlich am großen, aufgeräumten Tisch.

Übrigens: Kinderzimmer sind eine Sache für sich. Nehmen Sie sich hier genügend Zeit, damit das Kind sich nicht über die Maßen unter Druck gesetzt fühlt und darum überhaupt nichts hergibt. Kinder horten gerne und freuen sich über jeden neuen Besitz. Einzusehen, dass man aus gewissen Spielsachen herausgewachsen ist, bedeutet den Abschied von einer Lebensphase, und wer täte sich da nicht schwer? Ein guter Ansporn ist übrigens, aussortierte Spielsachen auf dem Flohmarkt zu verkaufen oder zu spenden bzw. zu verschenken, denn Kinder sind nicht nur Sammler, sondern in den meisten Fällen auch extrem gute Geschäftsleute, die gerne Profit machen.

Aufräumen für mehr gemeinsame Zeit

Gut miteinander abgestimmt im größeren Maßstab zu entmüllen, ist wahrscheinlich mit die größte Herausforderung bei einer gemeinsamen Aufräumaktion. Vermeiden Sie generell, aufeinander Druck auszuüben oder dem anderen reinzureden. Machen Sie sich dabei allerdings auch klar, dass Ihr Ziel die Reduktion ist. Sie kommen diesbezüglich nur weiter, wenn Sie einander nicht ständig von der Wichtigkeit sämtlicher Habseligkeiten überzeugen wollen.

Die Lust des VERSCHENKENS

Der Königsweg der Reduktion ist das Verschenken. Klar macht es ein gutes Gefühl, wenn man etwas loswird, was man nicht mehr braucht und dabei jemand anderem auch noch eine Freude machen kann. Machen Sie es sich zum Grundsatz: Wenn jemandem etwas gefällt, das Sie nicht oft benutzen oder nicht besonders gerne tragen, dann darf er oder sie es haben.

„Das kannst du gerne haben!“

Der Anschaffungspreis oder die Tatsache, dass Sie das ungenutzte Stück selbst geschenkt bekommen haben, sollte Sie dabei nicht kümmern. Die teure Mohair-Strickjacke, die eigentlich schon immer zu enge Ärmel hatte, steht und passt Ihrer Freundin vorzüglich? Nichts wie weg damit. Weder Sie noch die Jacke haben etwas davon, wenn sie im Schrank hängt und Ihnen bei jedem Anblick das Herz schwer macht. Und Sie werden feststellen, dass Sie sich jedes Mal freuen, wenn Sie Ihre Freundin in der Jacke sehen.

„Ach, du willst es gar nicht …?“

Das Gleiche gilt für abgelegte Dinge, die jemand anders gut gebrauchen kann. Sie haben sich eine teure Kaffeemaschine zugelegt, die Nachbarin filtert aber weiterhin, und ihr gefällt Ihre geblümte Kanne? Geben Sie sie her und stellen Sie sich nicht die Frage, was passiert, wenn Ihre Maschine mal streikt. Lösungen für Eventualitäten finden sich dann, wenn diese auch wirklich eintreten. Und bis dahin muss die Kanne nicht im Weg stehen, wenn Sie die Käsereibe aus dem Schrank hervorholen wollen.

Vorsicht mit gebrauchten Geschenken

Schenken ist nur dann sinnvoll, wenn es sich wirklich anbietet. Sonst hat der Empfänger später das gleiche Problem wie Sie. Seien Sie vorsichtig mit gebrauchten Geschenken. In manchen Fällen belasten oder beleidigen Sie die beschenkte Person eher, als dass sie sich darüber freut. Was getragene Kleidung und gern genutzte Gegenstände betrifft, so sollte man nicht zu viel erwarten. Dingen, die ein paar Jahre auf dem Buckel haben und die in Benutzung waren, sieht man das meistens auch an. Man sollte daher nicht zu große Dankbarkeit erwarten.

Tauschen und VERKAUFEN

Keine Frage: Der Tauschmarkt boomt. Privat und im Internet finden immer mehr Menschen zueinander, die jeweils abgelegte Gegenstände voneinander gebrauchen können. Online-Plattformen bringen Nachbarn näher zusammen und können dabei behilflich sein, ein paar Schätzchen loszuwerden. Ob dabei viel Profit herauskommt, ist eine andere Frage. Es ist jedenfalls ein gutes Gefühl, seinen Krempel an jemanden loszuwerden, der ihn noch brauchen kann und sich über ein Schnäppchen freut. Auch die Möglichkeiten, Gebrauchtes für ein wenig Geld im Internet loszuwerden, schießen wie Pilze aus dem Boden, sei es für Bücher, für Kleidung oder Spielzeug.

Probieren Sie es einfach aus. Vielleicht ist es möglich, noch etwas Geld für die aus dem Haushalt ausrangierten Dinge zu bekommen. Und wenn das nicht möglich ist, kann man damit zumindest anderen eine Freude machen oder jemand Bedürftigem helfen.

Tauschen statt kaufen

Veranstalten Sie selbst eine Tauschparty, zu der Sie Freundinnen oder Nachbarn einladen. Alle bringen mit, was zu Hause nicht mehr benutzt oder getragen wird. Breiten Sie alles gut zugänglich auf dem Boden aus und schaffen Sie Platz zum Anprobieren. Wenn möglich, stellen Sie einen Spiegel auf. Dazu gibt es Kaffee und Kuchen oder ein Glas Sekt – und los geht es. Alle dürfen nach Herzenslust probieren, ohne sich um den Preis zu kümmern. Meist macht man doch ein Schnäppchen, und die eigenen Sachen finden einen neuen Besitzer. Der Clou daran ist, dass man auf diese Weise auch Zweifelsfälle einmal mit neutralen Augen begutachten lassen kann. Manchmal bedarf es eines Impulses von außen, um einzusehen, dass die zehn Jahre alte Winterjacke zwar immer noch warm hält, aber nicht mehr wirklich straßentauglich ist.

Tauschen im Internet: Es gibt auch im Internet Börsen, die nur aufs Tauschen ausgelegt sind. Hier kann man online Ware gegen Ware (oder Dienstleitungen wie Massage oder Laubkehren!) tauschen. Außerdem verfügen manche dieser Börsen über ein Punktesystem, sodass man bei erfolgreichem Tausch Punkte sammeln und später für eine notwendige Anschaffung einlösen kann. Schauen Sie sich mal im Internet um und machen Sie sich schlau.

Vorsicht, Hamstertrieb!
Wenn Ihnen zu viel von dem gefällt oder brauchbar erscheint, was Ihre Tauschpartner mitbringen, kann die Aktion auch nach hinten losgehen. Dann stehen Sie nachher mit mehr Sachen da als vorher. Seien Sie wählerisch und nehmen Sie nur mit, was Ihnen hundertprozentig gefällt. Gestehen Sie dies genauso Ihren Tauschpartnern zu und drängen Sie niemandem etwas auf. Was nach der Party immer noch da ist, kommt unbesehen in die Altkleidersammlung bzw. in den Müll.

Flohmarkt

Eine gute Gelegenheit, auch die ungewöhnlichsten Stücke loszuwerden, ist der Flohmarkt. Das ist nicht jedermanns Sache, aber eine gute Gelegenheit, nebenbei Feldstudien zu betreiben. Auf Flohmärkten sind nicht nur Menschen unterwegs, die etwas Besonderes suchen, sondern die auch selbst besonders sind. Allen gemeinsam ist eine gewisse Sammelleidenschaft und ein Faible für Kurioses und Gebrauchtes. Probieren Sie es einmal aus. Am einfachsten ist es, wenn sich mehrere verkaufslustige Entrümpler für einen Stand zusammenfinden. Dann ist Ihr Angebot vielfältiger, und Sie können einander beim Standdienst ablösen.

Termine und Kontaktdaten für Flohmärkte finden Sie im Internet, und die Standmiete für Privattrödel ist nicht so hoch wie im gewerblichen Bereich. Sich online oder telefonisch zu einem Flohmarkt anzumelden, ist einfach. Tun Sie es aber rechtzeitig, der Andrang ist meistens recht groß. Außerdem müssen Sie sich um genügend Kisten und ein Auto oder einen Lieferwagen für den Transport kümmern. Wichtig sind auch genügend große Tische, Kisten sowie Kleiderständer, auf denen Sie Ihre Ware ansprechend und übersichtlich präsentieren können.

Willst du mit mir trödeln?

Im Trend sind sogenannte Hof-Flohmärkte, bei denen in einem Viertel die Bewohner eines Hauses ihre Schätze im Hof oder auf einem Platz in der Nähe zusammentragen und dort zum Verkauf anbieten. Meist geschieht das in Zusammenhang mit einem Stadtteilfest.

Verkaufen im Internet

Eine andere Methode ist es, unbrauchbare oder überflüssige Dinge im Internet zu verkaufen. Dort sprechen Sie eine viel größere potenzielle Kundschaft an. Die meisten Objekte sind schnell fotografiert und online gestellt, wobei hier eine professionelle und ausführliche Präsentation (Foto und Beschreibung) die Verkaufschancen eindeutig erhöht.

Es klingt wie eine Selbstverständlichkeit, aber mein wichtigster Tipp hierzu ist: Notieren Sie sich immer Ihre Usernamen und Passwörter und falls nötig die wesentlichen Schritte auf der Website. So ist beim nächsten möglichen Verkauf die Hemmschwelle deutlich niedriger.

Der Vorteil eines Online-Auktionssystems ist, dass Sie höhere Preise erzielen können. Zu bedenken ist dabei allerdings, dass auch die Internet-Plattform einen entsprechend hohen Anteil als Verkaufsgebühr einbehalten darf. Umgekehrt kann es Ihnen auch passieren, dass Sie für Ihre einst so geliebten Sachen fast nichts mehr bekommen. Dazu kommt der nicht unerhebliche Aufwand rund ums Verpacken und Verschicken, vor allem bei größeren Dingen (wobei Sie in diesem Fall natürlich auch eine Abholung vereinbaren können). Für Bücher gibt es inzwischen vielfältige Möglichkeiten, sie ohne viel Aufwand und Versandkosten online loszuwerden – und eventuell sogar noch gutes Geld dafür zu bekommen.

Spenden für wohltätige Zwecke

Wenn gar nichts mehr hilft (oder gerne auch schon bevor alle lukrativen Möglichkeiten ausgeschöpft sind), können Sie Ihre Kleidung, Bücher etc. auch für wohltätige Zwecke spenden:

- Bringen Sie nicht mehr gebrauchte Kleidung in Filialen von gemeinnützigen Organisationen. Diese verkaufen gut erhaltene Kleidung, Accessoires, Bücher und Haushaltsgegenstände und verwenden den Erlös für wohltätige Zwecke. Wenn sich bei Ihnen sehr viel angesammelt hat, u. a. auch Möbel, ist es eine Überlegung wert, einen professionellen Entrümpelungs- und Abholdienst zu beauftragen. Erkundigen Sie sich jedoch im Vorfeld über eventuell anfallende Kosten. Adressen und Kontaktdaten von entsprechenden Firmen finden sich u. a. in wöchentlich erscheinenden Anzeigenmagazinen oder in der lokalen Tageszeitung.

- Manche Wohltätigkeitsvereine bieten inzwischen im Internet die Möglichkeit an, einen Paketschein auszudrucken und alte Kleidung ohne viel Aufwand einzuschicken. In diesem Zusammenhang sei noch erwähnt, dass Sammelaufrufe auf Flyern mit Vorsicht zu genießen sind. Oft sind es dubiose Gesellschaften, die auf diese Weise Kleidung sammeln und sich durch den Verkauf selbst bereichern. Informieren Sie sich im Internet.

- Eine weitere Möglichkeit, Kleidung zu spenden, sind Kleiderkammern und Sammelstellen für Geflüchtete. Bei Letzteren müssen Sie sich allerdings darauf einstellen, dass der Bedarf inzwischen nicht mehr so groß ist wie die Menge der Spenden. Es gibt auch Sammelstellen für alte Fahrräder, die repariert und an Flüchtlinge weitergegeben werden.

Kaputtes, Doppeltes, UNGENUTZTES, Geschenke

Bei Ihren Aufräumarbeiten werden Ihnen vor allem die Zweifelsfälle Schwierigkeiten bereiten. Ausmisten ist leicht gesagt und der Vorsatz schnell gefasst, aber letztlich scheint Ihnen nahezu jeder Gegenstand, dem Sie dabei begegnen, ein Argument einzuflüstern, warum er bleiben darf. Begegnen Sie den Problemfällen mit besonderer Entschlossenheit.

Kaputtes

„Dir ist einfach nicht mehr zu helfen!“

Sie kennen das vermutlich: Kaputte Dinge sind nicht direkt aus dem Haushalt verschwunden, weil sie uns in intaktem Zustand besonders lieb waren, und da stehen sie nun. Mit kleinen oder irreparablen Schäden nützen sie uns kaum oder nicht mehr und belasten nur. Unterscheiden Sie zwischen zwei Kategorien:

Kandidaten für die Reparatur: Ein Kleid mit zerschlissenem Futter, Töpfe mit kaputtem Deckel, die geliebten, aber schief getretenen Pumps – stellen Sie fest, ob mit einer Reparatur noch etwas zu retten ist, und gehen Sie diese gleich an. Bringen Sie die guten Stücke zum Schneider bzw. zum Schuster oder besorgen Sie Ersatzteile. Dauert es zu lange, bis Sie sich dazu aufraffen, können Sie davon ausgehen, dass Ihnen das Stück nicht genügend am Herzen liegt, und es entsorgen.

Hoffnungslose Fälle:
Der einst geliebte Füller mit verbogener Feder, die guten Stiefel, bei denen lediglich der Reißverschluss nicht mehr funktioniert, der zu heiß gewaschene, eingelaufene Wollpulli. Es gibt einfach Gegenstände, denen mit einer simplen Reparatur, die dem Wert angemessen wäre, nicht mehr geholfen werden kann. Für diese Schätze gibt es nur einen Zielort: die Mülltonne.

Doppeltes

Man hat sich eine schicke neue Kaffeemaschine zugelegt, doch die alte Filtermaschine täte es eigentlich auch noch. Jetzt steht sie untätig oben auf dem Schrank und verstaubt. Zum Geburtstag wurden Sie von der Tante mit einem Schirmständer überrascht, im Flur steht aber schon längst einer. Mein Mann und ich haben z. B. je einen Werkzeugkoffer mit in den Haushalt gebracht, woraufhin sie einander jahrelang in der Abstellkammer Gesellschaft leisteten, bis es mir zu bunt wurde und ich auf meinen verzichtete. Die neuen Nachbarn, die bei uns eine Rohrzange anfragten, trauten ihren Augen nicht, als ich ihnen die ganze Kiste in die Hand drückte.

Stellen Sie sich bei allen Dopplungen die Frage: „Welcher Gegenstand gefällt mir besser oder nützt mir mehr?“ Dieser darf bleiben, der ungeliebte oder weniger geschätzte „Zwilling“ muss gehen. Am besten lassen Sie hier keine Ausnahmen zu, denn das sind genau die Fälle, die Sie unnötig belasten. Die Notfälle, an die man denkt, treten so selten ein, dass sich das Horten dafür nicht lohnt. Verschenken und spenden Sie Ihre ausgedienten Teile, wenn Sie ein neues angeschafft haben. Entscheiden Sie mit dem Partner gemeinsam, wessen Werkzeugkoffer der praktischere ist.

Ungenutztes

Beim bewussten Aufräumen wird Ihnen klar werden, wie viele ungenutzte Teile sich in Ihren Schränken verstecken. Klassiker darunter sind z. B. die 16-teilige Küchenmaschine, die man so gut wie nie aufbaut, oder Sportausrüstungen, die man sich voller Elan angeschafft hat und nun doch nie gebraucht. Viele Lehrbücher oder Ratgeber, die man sich in der Hoffnung zugelegt hat, sein Leben zu verändern, fristen seit Jahren ein Schattendasein.

Den meisten dieser Dinge ist eines gemeinsam: Man hängt noch ein wenig an der Idee, warum man sie damals angeschafft hat. Verabschieden Sie sich freundlich von dieser Idee (Sie haben ja genug neue Ideen!) und geben Sie die ungenutzten Sachen weg.

Ungeliebte Geschenke

Es ist bedauerlich, wenn man sich über ein Geschenk nicht freuen kann. Vor allem dann, wenn man weiß, dass der oder die Schenkende sich Gedanken gemacht hat über das Geschenk oder sich besonders auf die Reaktion freut. Das Bedauern wird nicht kleiner dadurch, dass wir diesen Gegenstand ab jetzt mit durch unser Leben schleppen. Im Gegenteil: So werden wir immer wieder daran erinnert. Ergreifen Sie lieber Gegenmaßnahmen:

Ehrlich sein:
Wenn das Verhältnis vertrauensvoll genug ist und das Geschenk teuer war, kann man sich durchaus einen Ruck geben und sagen, dass man es nicht haben will. In vielen Fällen kann man es noch zurückgeben oder umtauschen.

Weiterverschenken:
Gerade ungenutzte Dinge wird man schnell an jemanden los, der sich darüber ehrlich freut. Überlegen Sie, zu wem das ungeliebte Teil passen könnte, und geben Sie es umgehend weg.

Verkaufen:
Es ist erlaubt, aus einem Geschenk, das man nicht haben will, einen kleinen Gewinn zu ziehen. Schaffen Sie sich für das Geld etwas an, was Ihnen wirklich Freude macht, oder gehen Sie dafür ins Restaurant. So verwandelt sich das Bedauern in Freude und Genuss.

Ungeliebte Geschenke haben mich ein Leben lang begleitet, weil ich der Ansicht war, durch fröhliches Benutzen eines ungeliebten Dings, das ich von einer geliebten Person bekommen hatte, könnte ich mir vormachen, es sei alles in Ordnung. Dabei ist ein offenes, freundliches Wort an den Schenkenden ein viel größerer Vertrauens- und Liebesbeweis, als Freude zu heucheln. Für diese Erkenntnis habe ich ein paar Jahre gebraucht.

Gehen Sie beim Verschenken und Verkaufen von Geschenken aber bitte vorsichtig vor. Es wäre schade, wenn die Schenkende das sorgfältig ausgesuchte Präsent an Ihrem Flohmarktstand entdeckt und auf diese Weise erfährt, dass Sie sich nicht wirklich darüber gefreut haben.

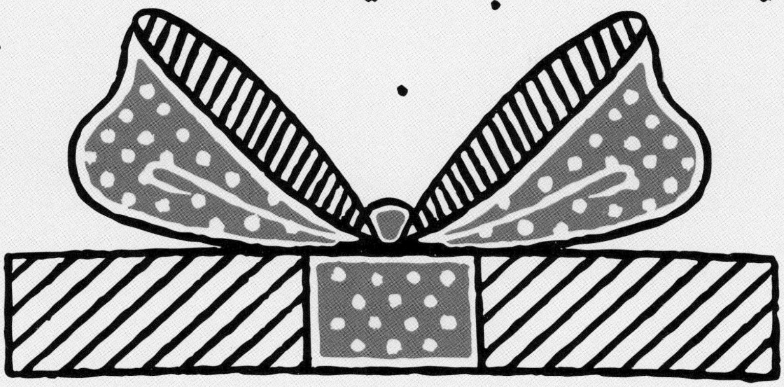

Geschenke-Recycling

Schaffen Sie sich eine Box an oder räumen Sie ein Fach frei für Geschenke an andere. In dieser Box landen Geschenke, die Ihnen schon sehr früh für Ihre Lieben zum Geburtstag oder zu Weihnachten einfallen. Auch Dinge, die Sie versehentlich zweimal angeschafft haben, nicht gebrauchte Sachen und unbrauchbare Geschenke können dort auf einen neuen Besitzer warten.

Heben Sie in Ihrer Geschenke-Box nur Dinge auf, die Sie auch wirklich mit gutem Gewissen verschenken. Wenn Sie ein schlechtes Gedächtnis haben: Kennzeichnen Sie Geschenke mit dem Namen des Spenders, sonst macht der beim Auspacken ein langes Gesicht, wenn er seine eigene Gabe wieder in Händen hält.

Wo fange ich an?

Wenn Ihnen, wie ich hoffe, die Tipps zum Entrümpeln und Reduzieren Laune gemacht haben, Ihren eigenen Besitzstand unter die Lupe zu nehmen, fragen Sie sich vielleicht, wo Sie am besten beginnen. Die ganze Wohnung auf einen Schlag zu entrümpeln, ist ein unrealistischer Plan. Entscheiden Sie zuerst, welchen Bereich in Ihrem Zuhause Sie am dringendsten verändern möchten, und beziehen Sie dabei auch ein, wie viel Zeit Ihnen zur Verfügung steht. Dabei hilft wie immer der Scanner-Blick. Gehen Sie durch Ihre Wohnung – oder Ihr Haus – und spüren Sie nach, wo Sie am dringendsten ein wenig Veränderung (oder schlichtweg Luft zum Atmen) brauchen.

ENTRÜMPELN IST IMMER AUCH EINE REISE IN DIE VERGANGENHEIT

Zur Einstimmung tut es vielleicht die „Kramschublade" im Flur mit ihrem größtenteils undefinierbaren Inhalt. Vielleicht steht Ihnen als Auftakt auch der Sinn nach etwas Größerem, und Sie möchten zuerst den Keller entrümpeln.

Nehmen Sie sich nicht zu viel vor. Das könnte sich so auswirken, dass Sie ganze Schränke beherzt leeren, um danach stundenlang zwischen alten Tagebüchern und Fotoalben zu sitzen und nicht herauszukommen aus dem Lesen und Staunen, was Sie bereits alles erlebt haben. Dieser Effekt ist beim Aufräumen zwar durchaus auch wünschenswert, aber er führt nicht zu mehr Ordnung. Setzen Sie sich aber auch nicht unnötig unter Druck. Gerade größere Aktionen sollen Spaß bringen: weil man ein paar Dingen auf den Grund geht, ein paar Erinnerungen rauskramt und neue Akzente setzt im Zuhause.

Setzen Sie sich ein Ziel, das realistisch ist, und arbeiten Sie darauf hin. Wenn sich erste Erfolge in kleinen Bereichen wie Schuhschrank oder Badezimmerregal eingestellt haben, planen Sie ein neues Projekt, z. B. den Keller oder die Garage.

FAHRPLAN FÜR EIN GRÖSSERES AUFRÄUMPROJEKT

1. ENTSCHLUSS FASSEN:

Schauen Sie sich um, wo Sie beginnen möchten. Überlegen Sie, was am realistischsten oder Ihnen besonders wichtig ist.

2. Partner oder Familie mit ins Boot holen:
Wenn es sich um Bereiche handelt, für die Sie nicht alleine verantwortlich sind, sollten Sie den Betroffenen Bescheid sagen bzw. sie um ihre Mithilfe bitten.

3. Zeitpunkt festlegen:
Ganz spontane Aktionen gehen eher nach hinten los, wenn es sich dabei um umfangreiche Projekte handelt.

4. Möbel-Check:
Kann ich meine Möbel und Aufbewahrungsutensilien noch gebrauchen oder ist eine Neuanschaffung nötig – zumindest von Schachteln und Regalbrettern?

5. Halten Sie drei grosse Kisten bereit:
Was es damit auf sich hat, erfahren Sie im Kapitel „Kistentricks" (siehe Seite 46).

6. Sperrmüll oder Transport zur Müllkippe organisieren:
Wo gehobelt wird, da fallen Späne. Das gilt auch fürs Aufräumen und Aussortieren. Überlegen Sie sich im Vorfeld, wie Sie den aussortierten Kram loswerden.

Sorgen Sie für positive Impulse, damit Ihre Aktion zum Erfolg wird: Wer sich über das Durcheinander der Strumpfhosen und BHs in der Wäschetruhe ärgert, braucht vielleicht eine Kommode mit hübschen Schubfächern. Wenn die Gewürze in der Schublade ständig durcheinanderfallen, ist ein kleines Regal über dem Herd viel praktischer. Ein paar bunte Schachteln oder eine Schubladenbox helfen, das Durcheinander auf dem Schreibtisch in den Griff zu bekommen. Gerade weil man in die neuen Schränke keine abgenutzten und überflüssigen Sachen einräumen möchte, ist eine sinnvolle Neuanschaffung oft sehr hilfreich. Dennoch gilt: Ausmisten, Loslassen und Reduzieren haben oberste Priorität.

Belohnung nicht vergessen!

Neue Besen kehren gut ... Zum Aufräumen gehört immer auch das Putzen. Es macht deutlich mehr Spaß, mit sauberen hübschen Lappen, gutem Werkzeug, einem leeren Staubsaugerbeutel und frischem Duft ans Werk zu gehen. Machen Sie sich die Arbeit so angenehm wie möglich.

Die sieben wichtigsten RÜMPELREGELN

Wenn Sie sich für einen Bereich entschieden haben, helfen Ihnen mit Sicherheit die **Sieben Rümpelregeln.** Sie sorgen nämlich dafür, dass in Zukunft die Magischen 7 und die Routinen, über die wir im ersten Teil des Buches gesprochen haben, überhaupt greifen:

1. Strukturen schaffen:
Effizient aufräumen kann man nur, wenn klar ist, was in welchem Raum, welchem Regal, welchem Schrank aufbewahrt wird. Machen Sie sich also zunächst ein paar Gedanken, wo sich in Ihrer Wohnung spezifische Bereiche befinden. Wenn es zu viele diffuse Orte gibt oder Sie beispielsweise Kleidung oder Lebensmittelvorräte an drei verschiedenen Stellen lagern, ist es an der Zeit, grundsätzlich mehr zu strukturieren.

2. Gegenständen bestimmte Plätze zuweisen:
Es sollte nicht nur klar sein, an welchen Orten Ihrer Wohnung sich bestimmte Bereiche/ Kategorien von Dingen befinden. Darüber hinaus braucht auch jedes Ding, das Sie aufbewahren, seinen eigenen Platz. Dieser Platz muss frei zugänglich sein, sofern

der Gegenstand regelmäßig benutzt wird. Lösen Sie doppelte Stapel auf und vermeiden Sie es, Gegenstände in den Tiefen eines Regals zu versenken und dort womöglich zu vergessen.

3. Einmal alles raus:
Egal, ob es nun eine bestimmte Schublade ist, für die Sie sich eine halbe Stunde Zeit nehmen, oder der ganze Kleiderschrank: Effizientes Ausmisten bedeutet, alles auszuräumen, den Aufbewahrungsort oder gleich das ganze Zimmer gründlich zu reinigen (siehe Punkt 4) und dann von Grund auf mit System einzuräumen.

4. Staub und Schmutz mit entsorgen:
Aufräumen kann man nur Orte, die sauber sind. Nutzen Sie die Gelegenheit des Ausmistens und Ausräumens dazu, Schränke und Regale zu entstauben, Schubladen auszuschütteln, Fliesen zu schrubben und Teppiche auch von unten zu saugen sowie aus allem, was sich klopfen lässt, den Staub möglichst im Freien auszuklopfen. Aufräumen erzeugt mehr Staub als erwartet: Halten Sie immer Eimer und Lappen bereit, um bei Bedarf nachwischen zu können.

Jede Begegnung ist eine Erfahrung und jedes Loslassen eine Erkenntnis

5. Freiräume schaffen:
Planen Sie beim Aufräumen mit ein, luftige Räume zu schaffen. Das bedeutet z. B., dass Bügel im Schrank auch mal frei hängen dürfen, dass Stapel nicht so hoch sind, dass sie gleich umkippen, dass Schubladen leicht zu schließen und zu öffnen sind. Der Zugang zu Fenstern sollte frei sein, damit Sie sie jederzeit öffnen und frische Luft schnappen können. Alle Türen, auch die zur Abstellkammer, sollten leicht und vollständig zu öffnen sein, also nicht durch herumliegenden Kram oder Teppichkanten behindert werden.

6. Bewegung reinbringen:
Bedenken Sie beim Aufräumen, dass die Räume, die Sie neu organisieren, in ständiger Benutzung sind. Planen Sie also gleich den nächsten Großeinkauf mit ein, wenn Sie den Lebensmittelschrank wieder ein-

räumen. Bestimmen Sie direkt ein freies Plätzchen, an dem Sie im Alltag die Handtasche abstellen und schnell wiederfinden. Wo soll die halb gelesene Tageszeitung liegen, damit sie beim Mittagessen nicht im Weg ist? Wo trocknen Sportklamotten, und wo kann der Wäscheständer unauffällig stehen? Dies alles sollten Sie so früh wie möglich überlegen und entscheiden. Lassen Sie im Bücherregal etwas Platz für die wechselnden Exemplare aus der Bibliothek. Und an der Garderobe bleiben ein paar Haken oder Bügel frei für Gästejacken.

7. Routinen schaffen:
Aufräumen ist kein Rundumschlag, den man einmal ausführt, und anschließend organisiert sich alles von alleine. Das wissen Sie nun schon lange. Denken Sie also schon während der Generalüberholung eines Raumes nach, ob und welche Routine Sie im Alltag brauchen werden, damit der Raum lange so bleibt, wie Sie ihn sich wünschen.

Zeigt her Eure Zimmer

Jetzt mal ganz im Ernst: Wie viele Dinge braucht der Mensch, und wo bewahrt er sie auf? Die folgenden Seiten möchten eine Inspiration und praktische Anleitung zur Durchsicht Ihrer Räumlichkeiten sein und bieten jede Menge Tipps zum praktischen Sortieren, Einräumen und Verstauen – mit Wiederfindegarantie.

Das Herz des Zuhauses: DIE KÜCHE

Beginnen wir mit der Küche, denn um sie drehen sich meiner Ansicht nach die restlichen Räume wie Planeten um die Sonne. Im Zweifel nehme ich immer zuerst die Küche dran, ob es nun ums Aufräumen geht, ums Putzen oder um den letzten Routinegang vorm Schlafengehen. Sogar bei Anschaffungen denke ich zuerst an die Küche. Sie ist mir am wichtigsten, weil ich leidenschaftlich gerne koche und die Familie am liebsten dort versammelt sehe. Mein erster Gang am Morgen führt mich in die Küche, und da möchte ich von einem gut gelaunten Raum begrüßt werden.

Ja, Sie haben richtig gelesen! Ich stelle mir vor, in welcher Stimmung die Räume sind, in denen ich lebe. Wenn es ihnen nicht gut geht, frage ich mich, was ich für sie tun kann. Und Sie werden es schnell erraten haben: Ich tue etwas für sie, indem ich sie erleichtere von unnützem Zeug.

Unterschiedliche Menschen haben sehr unterschiedliche Anforderungen an die Ausstattung ihrer Küche. Die einen kochen mehrgängige Menüs, die anderen beschränken sich aufs Toasten und machen ab und an mal Wasser heiß. Darum gilt beim „Eindampfen" des Kücheninventars die Goldene Regel: Jedes Teil bekommt ein Zuhause.

Wer nicht mithilft, muss gehen

Anders gesagt: Was nicht oder nur selten benutzt wird, fliegt raus. Richten Sie sich dabei nach Ihren eigenen Vorlieben und den alltäglichen Erfordernissen. Ob Sie Ihren Eierkocher behalten oder seinen Platz im Schrank in Zukunft für etwas anderes nutzen, liegt einzig und allein daran, wie gerne und oft Sie gekochte Eier essen. Das Gleiche gilt für Spezialgeräte wie Waffeleisen,

Fritteuse, Wok, Sandwichtoaster, Spargelkochtopf, Reiskocher und vieles mehr.

Die Goldene Regel beinhaltet auch: Alle Dinge müssen gut zugänglich sein. Achten Sie darauf, dass alle Geräte, die Sie gerne und oft benutzen, einen eigenen Platz finden, egal, wie sperrig sie auch sind. Sie haben es verdient, schließlich sind sie Ihre treuen Helfer in der Küche. Erlaubt ist, was glücklich macht: Mein alter Käsefondue-Topf darf einen Platz beanspruchen, auch wenn ich ihn nur einmal im Jahr gebrauche. Nicht bleiben durften allerdings die fünf leicht angerosteten Backformen meiner Oma, die mir trotz Liebe zur Oma einfach keine Hilfe waren.

Bevor Sie sich an Inventur und Entrümpeln machen, möchte ich Sie für eine weitere Regel erwärmen: Lassen Sie die Arbeitsplatte in der Küche das sein, als was sie gedacht ist: eine Fläche zum Arbeiten, Schnippeln, Schälen und Ausrollen. Darum sollten alle Gerätschaften und Behälter Plätze in Schränken und Regalen finden. Die Arbeitsplatte bleibt frei und macht ihrem Namen alle Ehre.

Alle mal raus aus den Schränken!

Für einen guten Überblick, was sich in Ihrer Küche angesammelt hat, räumen Sie alles aus den Schränken und Schubladen heraus. Die Gelegenheit nutzen Sie zur gründlichen Reinigung sämtlicher Aufbewahrungsorte und Fächer. Das ist in der Küche noch wichtiger als in allen anderen Wohnbereichen, und Sie werden staunen, was sich da so alles findet.

Planen Sie beim Ausmisten der Küche also besonders viel Zeit fürs gründliche Saubermachen ein. Während Sie die Schränke ausreiben und trocknen lassen, wandern das seltener gebrauchte Geschirr und Besteck in die Spülmaschine (sofern vorhanden), um den Staub der vergangenen Jahre abzuwaschen.

Wenn alle Küchengegenstände und Schränke sauber sind, können Sie sie wieder einräumen. Entscheiden Sie Stück für Stück, was Sie weiterhin behalten möchten und was Sie nicht mehr brauchen. Immer nach der Regel: Was benutze ich ganz regelmäßig? Auf den unwahrscheinlichen Bedarf in der Zukunft oder seltene Anlässe nehmen Sie keine Rücksicht. Ordnen Sie nach Kategorien:

- Tassen und Gläser stehen in Regalfächern, die nicht sehr viel höher sind als das höchste Glas.
- Teller stehen in Stapeln in Fächern, die nicht viel höher sein müssen als der höchste Stapel. Stellen Sie keine unterschiedlichen Teller aufeinander und nichts oben auf die Tellerstapel.
- Besteck gehört in Schubladenfächer: Essbesteck für den täglichen Gebrauch ins oberste Fach und weitere Teile wie scharfe Messer, Pfannenwender und Sparschäler in eine weitere.
- Töpfe und Kasserollen benötigen größere Fächer bzw. Schränke. Die am häufigsten benutzten stehen dabei vorne, damit Sie immer direkt Zugriff darauf haben.

- Geräte bekommen ebenfalls Platz in einem Regalfach und stehen nicht auf der Arbeitsplatte oder auf Schränken herum.

Um alle Teile gut erreichen zu können, stellen Sie Tassen, Trink-, Wein- und Sektgläser in Reihen von hinten nach vorne ins Regal, sodass jede Tasse und jedes Glas einer Art von vorne gut zu erreichen sind.

Stellen Sie die Mannschaft neu auf

Falls Sie beim Einräumen etwas beiseiteschieben müssen, um an oft benutzte Teile zu kommen, müssen Sie Entscheidungen treffen. Wenn Sie wirklich alles, was Sie haben, regelmäßig gebrauchen und der Stauplatz dafür nicht reicht, ist es Zeit, an mehr Unterbringungsmöglichkeiten zu denken, wie z. B. zusätzliche Oberschränke oder eine Anrichte im Wohnzimmer. Schließlich sollte die Küche nicht nur für leidenschaftliche Köche eine gut eingerichtete „Werkstatt“ sein.

So geht's nicht weiter

Von allem, was man regelmäßig benutzt, wie Kaffeetassen, Trinkgläser, Teller und Besteck, sollten genügend Teile vorhanden sein, um nicht ständig spülen zu müssen. Das gilt insbesondere für die glücklichen Besitzer einer Spülmaschine. Wenn Sie ständig irgendwelche schmutzigen Teile wieder aus der Maschine herausfingern und von Hand spülen müssen, weil die Spülmaschine für einen Durchlauf noch nicht voll genug ist, hat das gute Stück seinen Sinn verfehlt.

Aber auch ohne Spülmaschine ist es einfach unbequem, wenn man ständig abspülen muss. Hier ist „weniger“ eben nicht „mehr“. Sorgen Sie auch in dem Fall, dass Sie in einem sehr kleinen Haushalt leben, für einen mindestens vierteiligen Satz an Tassen, Gläsern und Tellern. Beim Besteck kann es nicht schaden, wenn es noch mehr ist. Dann sind Sie auch gerüstet für den Fall, dass kurzfristig Besuch kommt.

Seit der Hochzeit nicht benutzt ...

Seien Sie streng bei der Entscheidung, wenn es um folgende Teile geht: Pasta-, Pizza-, Fisch- und Fondueteller, Eierlöffel, Fischmesser, Römer-, Spaghetti-, Spargeltopf. Werden sie nicht regelmäßig benutzt, haben sie nichts mehr in der Küche verloren. Das Gleiche gilt für meist überflüssige Geräte wie Donut-Maker, elektrische Zitruspresse und elektrische Salz- und Pfeffermühle. Fragen Sie sich bei jedem Gerät: Steht die Größe im Verhältnis zu seiner Anwendungshäufigkeit? Wenn Sie einen großen Bräter oder einen sperrigen Standmixer nur einmal im Jahr benutzen, sind die beiden es nicht wert, so viel Raum in Ihren Regalen einzunehmen.

Auch ein zu umfangreiches Gläsersortiment führt oft zur Überlastung der Kücheneinrichtung: Wenn Sie Sherry- und Portweingläser, Champagnerkelche und Sektflöten besitzen, ist es an der Zeit, die Anlässe zu zählen, zu denen wirklich alle gebraucht werden. Weisen Sie der ungenutzten Gläsermannschaft beherzt den Weg aus der Küche. Es ist einfach nicht genug Platz für alle da, auch wenn der Calvados mit passenden Gläsern für eine sechsköpfige Runde damals ein gut gemeintes Mitbringsel war.

Ähnliches gilt für dekorativ geformte, aber unpraktische Teile, die ständig im Weg sind. Eine überdimensionale Obst- und Salatschale mag sehr hübsch sein; wenn sie aber nirgends hinpasst, kann sie nicht bleiben.

Liste der unverzichtbaren Geräte

Mit den folgenden Geräten sind Sie auch bei wenig Platz gut ausgerüstet für alle Grundtätigkeiten in der Küche:

- Der Pürierstab mit einem Set an Zubehör ist ein Alleskönner: Er kann neben dem Pürieren auch Rohkost raspeln, Nüsse mahlen, Parmesan reiben, Fleisch hacken, Sahne schlagen und Smoothies mixen.

- Wasserkocher: Meiner Ansicht nach viel praktischer als das Hantieren mit pfeifenden Kesseln oder brodelnden Töpfen.

- Eine Kanne für heiße Getränke, wenn nicht gar eine Kaffeemaschine. Sind mehrere davon vorhanden, entscheiden Sie sich für die, die Sie am liebsten und häufigsten benutzen.

- Ein Handrührgerät, nur für den Fall, dass Sie gerne Kuchen backen.

Doppelt hält besser!

Eine gute Methode, um in der Küche Platz zu sparen, ist es, manche Gegenstände doppelt zu nutzen. Hier einige Beispiele:

- Eine hübsche Salatschüssel dient auch als Brotkorb.
- Ein großes Schneidebrett kann als Tablett fungieren.
- Kuchenteller können auch als Frühstücksteller sowie als Käse- und Wurstplatten verwendet werden.
- In einer großen Pfanne mit Deckel kann man hervorragend Spargel kochen.

Tricks und Routinen

In der Küche permanent Ordnung zu halten, bedeutet viel Aufwand, weil Sie neben dem Aufräumen auch immer Gegenstände säubern und Flächen wischen müssen. Ich möchte hier besonders auf die Abendroutine verweisen, die sich speziell der Küche widmet.

Einen richtig guten Effekt auf die Ordnung hat es auch, Einkäufe sofort in die Vorratsschränke einzuräumen und nicht auf Ablageflächen herumliegen zu lassen.

Ansonsten gilt, dass alles, was nicht in die Küche gehört, sofort aus der Küche raus muss: Geöffnete Post kommt auf den Schreibtisch, Tageszeitungen wandern ins Altpapier, abgelegte Jacken hängen an der Garderobe.

Behandeln Sie diesen wichtigen Raum mit Sorgfalt und Respekt. Eine gut organisierte, saubere und gut gelaunte Küche wird sich mit Sicherheit positiv auf die restlichen Räume in Ihrer Wohnung auswirken und auf die Familie natürlich auch.

Ein reicher Mensch ist einer, der weiß, dass er genug hat.

LAO-TSE

Apropos KÜCHE

Während ich in der Küche wirtschafte und meine Gegenstände hin und her räume auf der Suche nach der idealen Anordnung, denke ich gerne nach, und dabei kam mir neulich der Gedanke: Eigentlich ist es um den Zustand in unserer Wohnung gar nicht so viel anders bestellt als um unsere Ernährung. Keine Ahnung, warum mir das ausgerechnet in der Küche einfiel!

FRAGEN SIE SICH RUHIG MAL SELBST, WAS LOS IST

Der Gedanke war: Oft schaffen wir etwas an, weil uns langweilig ist, weil wir Trost brauchen oder weil uns der Sinn nach einer Belohnung steht. Genauso verhält es sich mit dem Essen: Oft geht es nicht darum, den Hunger zu stillen, sondern um ein anderes Bedürfnis, nach Gesellschaft eben, nach einem, der zuhört, oder danach, seinen Frust loszuwerden. Wenn ich mich in Zeiten beobachte, in denen es nicht so gut läuft, dann gleichen sich meine Verhaltensweisen beim Essen wie auch bei unnötigen Anschaffungen.

Seit ich das weiß, frage ich mich lieber, was los ist, und höre mir genau zu. Wieso noch eine Vase oder noch ein Paar Schuhe? Warum jetzt noch Schokoladeneis, obwohl ich eigentlich schon satt bin? Meistens stellt sich heraus, dass meine Unzufriedenheit woanders herkommt und auch nur woanders gelöst werden kann. Haben Sie darüber schon mal nachgedacht?

Leben MIT BÜCHERN

Von der Küche geht es nun ins Wohnzimmer – bei mir jedenfalls, denn hier stehen in unserem Haushalt die Bücher. Da bei uns zwei Menschen zusammengekommen sind, die einen Großteil ihres Lebens mit Büchern verbracht haben und weiterhin damit arbeiten, und die Kinder schließlich auch noch einiges an Büchern beisteuern, nehmen die Bücher mehrere Wände im Wohnzimmer ein. Daran möchten wir auch nichts ändern.

Allerdings bin ich der Meinung, dass die Regale nur dann gut aussehen und zur wohnlichen Atmosphäre beitragen, wenn die Bücher darin geordnet sind. Vor allem ist es auch nur dann sinnvoll, viele Bücher zu haben und zu behalten, wenn man so in etwa weiß, was wo steht. Sollte nun bei Ihnen der Fall eingetreten sein, dass die Bücher in zweiter Reihe stehen oder, schlimmer noch, aufeinandergestapelt liegen, brauchen Sie entweder mehr Regale oder, wenn der Platz dafür erschöpft ist, den Mut, sich von ein paar Ihrer Schätze zu trennen.

„Ein Raum ohne Bücher ist ein Körper ohne Seele.“

Cicero

Eine Frage, an der sich die Geister scheiden

Darf man Bücher überhaupt wegwerfen? Dem Buch haftet immer noch etwas Heiliges an, und es einfach ins Altpapier zu geben, empfinden manche als unverzeihliche Missachtung von Kultur und Bildung. Allerdings befinden sich in vielen Regalen nicht nur Werke für die Ewigkeit: Reiseführer etwa sind längst nicht mehr aktuell. Erziehungsratgeber stehen herum, obwohl die Kinder demnächst ihr Studium beenden werden – alles Bücher, die vor längerer Zeit einen sehr guten Dienst geleistet haben, jetzt aber überflüssig geworden sind.

Zugunsten luftigerer Regale mit Büchern, die Ihnen ausnahmslos alle etwas bedeuten, dürfen Sie ruhig von Ihrem Grundsatz abweichen. Es darf aussortiert werden! Selbstverständlich schreibt Ihnen aber niemand vor, was Sie mit Ihren Schätzen anstellen.

Wenn Sie sich dazu entschließen, Ihre Bücher zu sichten, werden Sie nicht darum herumkommen, sie aus den Regalen zu nehmen (und Bücher und Regal bei der Gelegenheit zu entstauben) und sie einzeln wieder zurückzustellen. So werden die Bücher „gelüftet“, und Sie müssen jedes in die Hand nehmen. Das wird den Prozess, sich von dem ein oder anderen Stück zu trennen, positiv beeinflussen. In Zweifelsfällen hilft die bereits angesprochene Methode: an die Brust drücken und das Herz sprechen lassen!

Sortieren Sie schon beim Ausräumen nach Kategorien und legen Sie die Bücher auf entsprechende Stapel:

1. Literarische Werke, also Romane, Erzählbände, Lyrik (falls vorhanden) und Krimis, Krimis, Krimis ...
2. Sachbücher: Nachschlagewerke, Ratgeber, Kochbücher, Sammel- und Bildbände
3. Reiseführer und allgemeine Reiseliteratur
4. Kinderbücher

Gehen Sie bei der Einteilung nun nach folgenden Sparten vor, wenn Sie die Bücher durchsehen, und entscheiden Sie, wovon Sie sich befreien wollen:

Literarische Werke

Die Unterscheidungskriterien, die uns hier begegnen, sind oft folgende:

- gelesene Bücher
- halb gelesene Bücher
- ungelesene Bücher

Sie ahnen es: Bis auf die zuerst genannten haben alle Bücher einen schweren Stand bei mir. Ungelesene oder mittendrin aufgegebene Bücher belasten uns deutlich mehr, als dass sie uns erfreuen. Entweder wollen sie gelesen werden, aber aus irgendeinem Grund sträuben wir uns dagegen. Oder wir sind an ihnen gescheitert bzw. haben uns gegen sie entschieden. Beides will man eigentlich nicht länger um sich haben, oder?

Die seit Jahren herumliegenden halb und gar nicht gelesenen Bücher hebt man meistens nur auf in der trügerischen Hoffnung, dass man sie demnächst doch noch lesen wird. Eigentlich wissen wir ja schon, dass dieser Moment nie eintreten wird. Man hatte sich damals einfach zu viel vorgenommen, als man sie anschaffte.

Oft gibt es Gründe, warum ein Buch ungelesen im Regal verschwunden ist: Entweder hat es uns schon zu Beginn nicht angesprochen oder wir sind nach den ersten 20 Seiten stecken geblieben. Jetzt hält es uns zuweilen davon ab, etwas anderes anzufangen, weil wir glauben, das Buch unbedingt zu Ende lesen zu müssen.

Übrigens hilft bei solch traurigen Fällen auch die Übergangskiste, in der man Ungelesenes getrost versenken darf. Wenn nach einer Weile vergessen ist, was drin ist, kann man sich leichter trennen und die Kiste guten Gewissens ins Antiquariat bringen. Es bleiben also nur die Bücher da, die uns besonders gut in Erinnerung geblieben sind und uns positiv geprägt haben. Sie beleben das Wohnzimmerregal wirklich – im Gegensatz zu den halb und völlig ungelesenen Werken, die nur Platz beanspruchen.

Alternative zur Bücherwand

Nicht jeder möchte von Bücherwänden umgeben sein. Eine Freundin von mir leiht sich die meisten Bücher oder liest sie elektronisch. Um nicht den Überblick über das Gelesene zu verlieren, führt sie ein kleines Notizbuch. Darin notiert sie alles, was sie gelesen hat, wann und unter welchen Umständen. So kann sie genauso in Lese-Erinnerungen schwelgen wie ich, wenn ich vor meinen Regalen sitze.

Wohin mit Kochbüchern?

Die Frage, wohin Sie Ihre Kochbücher stellen, hängt von Ihrer Kochlust und der Größe Ihrer Küche ab. Wer nur zwei, drei Standardbände zum Nachschlagen hat, bewahrt die Kochbücher besser in der Küche auf. Wer über eine größere Bibliothek an Kochliteratur verfügt, richtet sich besser ein eigenes Fach im großen Bücherregal ein, sonst ist bald in der Küche kein Platz mehr.

Sachbücher

Fast noch einfacher ist es mit Sachbüchern, wenn es ans Wegwerfen geht. Bei ihnen weiß man meistens ziemlich genau, dass man sie nicht mehr braucht. Bei so manchem Werk ist durchaus klar, dass seine Zeit vorbei ist. Da sind vielleicht einige Ratgeber, die Sie in einer Phase gekauft haben, die inzwischen nicht mehr aktuell oder von Bedeutung ist. Weg damit! Ähnlich verhält es sich mit Wörterbüchern. Die sind zwar immer noch wichtig, allerdings gibt es inzwischen so hervorragende Online-Wörterbücher, dass kaum ein Mensch noch in gedruckten Büchern eine Vokabel nachschlägt, es sei denn, es geht um sehr spezielle Wörter. Entscheiden Sie Stück für Stück.

Reiseführer

Mal ehrlich: Die meisten Reiseführer, die man aufbewahrt, dienen doch nur dem Zweck der Erinnerung. Es verhält sich mit ihnen ähnlich wie mit Romanen. Man nimmt sich vor, ein Land ein zweites Mal zu besuchen, stellt aber fest, dass es noch so viele andere sehenswerte Länder gibt, dass das zweite Mal gar nicht mehr eintritt. Oder es dauert bis zum nächsten Mal so lange, dass man den Angaben zu Hoteladressen und Öffnungszeiten nicht mehr traut. Die Empfehlung für Reiseführer ist daher generell: raus damit. Und in Zukunft am besten direkt nach der Reise weitergeben, solange das Stück noch aktuell und brauchbar ist.

Kinderbücher

Die meisten Menschen bewahren Kinderbücher, solange die Kinder klein sind, im elterlichen Bücherregal auf. Werden die Kinder älter, bekommen sie eigene Regale, und die ersten Vorlesebücher bleiben im Wohnzimmer zurück und werden dort vergessen. Weg damit, wenn das Alter überschritten ist. Es sei denn, es kommen regelmäßig Kinder zu Besuch.

Zeitschriften

Zeitschriften hebt man meistens wegen eines bestimmten Artikels auf. Wenn Sie sicher sind, dass Sie diese irgendwann noch einmal oder zum ersten Mal lesen wollen, heben Sie am besten nur die Seiten mit dem Artikel auf. Sie können dafür einen Ordner anlegen oder die Artikel in einer Schachtel aufbewahren. Auch Kochrezepte können Sie in einem eigenen Ordner archivieren, anstatt Unmengen an Zeitschriften nur für jeweils ein Rezept aufzubewahren.

Ansonsten sollten Zeitschriften gelesen werden, solange sie aktuell sind. Das gilt für Politik- und Wirtschaftsmagazine wie für Modezeitschriften. Da sie in der Regel nur der momentanen Zerstreuung dienen, brauchen Sie sie später auch nicht mehr und können sie getrost entsorgen.

Anders verhält es sich mit wissenschaftlichen oder bildbandartigen Zeitschriften (eventuell auch Sonderausgaben), die Sachbuchcharakter haben. Die stehen am besten zwischen anderen großformatigen Büchern oder in einem dafür geeigneten Zeitschriftenordner bzw. Stehsammler.

Schluss mit halben Sachen

Die meisten Bücher möchten wir behalten, weil eine Hoffnung oder Erwartung damit verbunden ist: Der Reiseführer soll stehen bleiben, weil wir seit etlichen Jahren noch einmal nach Kuba wollen. Das Yoga-Buch muss auch dableiben, weil wir die Hoffnung nicht aufgegeben haben, irgendwann doch täglich zu Hause zu üben. Und „Der Zauberberg" von Thomas Mann hat auch schon ein paar Jahre halb gelesenen Daseins auf dem Buckel ...

Machen Sie sich in diesen Fällen klar, dass Sie alles, was Sie sich vorgenommen haben, nur durch einen Entschluss erreichen können und nicht durch das Horten von alten Büchern. Auch ohne den vergilbten Reiseführer können Sie ein weiteres Mal nach Kuba fahren. Yoga übt sich sowieso am besten unter persönlicher Anleitung in der Yoga-Schule. Und „Der Zauberberg"? Na ja, wenn Sie dafür wirklich einmal Zeit haben sollten, dann kaufen Sie ihn einfach nochmals oder leihen ihn in der Bibliothek aus.

Und nun zurück ins Regal

Das Aussortieren und Einräumen funktioniert bei Büchern am besten gleichzeitig. So schwinden die Bücherstapel auf dem Boden, und im Regal stehen nur noch die wirklich geliebten Schätze. Nach welchem Prinzip soll man nun wieder einräumen? Gehen Sie dafür nach den bereits genannten Sparten vor.

Belletristik ordnet man klassischerweise alphabetisch. Das ist vor allem hilfreich fürs Wiederfinden. Allerdings sind Sie dann womöglich regelmäßig damit beschäftigt, die Bücher umzuschieben. Deshalb ist es ratsam, sich ein kleines Regal der „gerade gelesenen Bücher“ einzurichten, das Sie je nach Lesepegel alle paar Monate oder Jahre dem alphabetischen System anpassen. Der nette Nebeneffekt ist, dass Sie so einen Überblick über die jüngst gelesenen Bücher haben.

Weniger ist mehr!

Sie können zu großen Büchervorräten von vornherein entgegenwirken, indem Sie elektronisch lesen. Das ist jedoch nicht jedermanns Sache. Aber auch wer Papier zwischen zwei Buchdeckeln bevorzugt, muss keine Bücher ansammeln. Jede Stadt verfügt über eine Bibliothek, größere sogar über gut erreichbare Stadtteilbibliotheken. Recherchieren kann man vorher online. All das ist bequemer, als die eigene Wohnung mit zu vielen Seiten zu belasten, seien es nun gelesene oder ungelesene. Und die Entscheidung gegen ein Buch fällt viel leichter, weil man es ungelesen zurückgeben kann.

Was nicht
glücklich
macht,
kann weg.

Noch mehr Regale: CDs UND DVDs

Wahrscheinlich gesellen sich zu Ihren Bücherregalen auch noch ein paar dazu, die für die elektronische Unterhaltung zuständig sind. Bei vielen Menschen (insbesondere bei Musikfans und Cineasten), die noch nicht mit USB-Sticks und MP3-Playern groß geworden sind, häufen sich die Ton- und Datenträger. Wenn Sie noch nicht im Zeitalter der Cloud angelangt sind, hier ein paar Tipps zum Aussortieren und Ordnen.

Vor allem bei CDs und DVDs ist die Gefahr, dass sich viel Unbrauchbares und Undefinierbares ansammelt, recht groß. Das hat seinen Grund darin, dass sich durch die Möglichkeit, mal eben etwas zu brennen, schnell neuer Besitz ansammelt. Wenn dann noch Ruhe und Zeit fehlen, um die frisch gebrannten Stücke zu beschriften und in einer Hülle zu archivieren, kommt man später schnell durcheinander. Prüfen Sie hier streng: Brauche ich das alles?

Klare Verhältnisse schaffen

Wenn Ihnen die Mühe zu groß erscheint, eine CD/DVD sachgemäß unterzubringen und einzusortieren, fliegt sie raus. Schallplatten haben für viele eine andere Wertigkeit und werden meist ohnehin, allein aufgrund ihrer Empfindlichkeit, sehr sorgsam verwahrt. Daher gehe ich darauf nicht ein. Wahre Plattenfans würden mich für verrückt erklären, wenn ich versuchen würde, sie zum Reduzieren ihrer geliebten Sammlung zu überreden.

Das Überprüfen von CD-Sammlungen führt oft dazu, dass man auf diverse Fundstücke stößt und sie noch einmal anhören möchte. Ich habe zum Aufräumen meiner CD-Regale alle Zweifelsfälle angehört. Was mich dabei nicht unterhalten oder erfreut hat, habe ich entsorgt.

CDs einsortieren

Je nach Umfang des persönlichen Tonträgerbestandes ist es sinnvoll, entweder alphabetisch oder nach Genres und Sparten (und innerhalb derer wieder alphabetisch) zu sortieren, z. B.:

- Unterhaltungsmusik
- Klassische Musik
- Weltmusik
- Hip-Hop und Rap
- Lern-CDs wie Sprach- oder Yogakurse
- alles andere

Für manche ist es auch sinnvoll, nach Nationalitäten zu sortieren (also werden beispielsweise französische und südamerikanische Musik getrennt), und dann erst nach Interpreten. Das kommt auf Ihre Vorlieben und Ihre Hörgewohnheiten an.

Übrigens, auch wenn es etwas kindlich erscheinen mag: Auch nach Farbe zu sortieren, kann sinnvoll sein. Denn meist erinnert man sich an die Farbe einer CD, und so ist das Auffinden viel leichter, als wenn man mit zusammengekniffenen Augen die winzige Schrift auf den CD-Rücken zu entziffern versucht.

Musik-CDs geraten leicht in Unordnung, wenn man sie nicht immer direkt in die dazugehörige Box zurücklegt. Ich habe mir angewöhnt, nach dem Einlegen der CD die Hülle wieder leer ins Regal zu stellen, bis die CD zu Ende gehört ist. Danach kommt die CD sofort wieder in die Hülle und ins Regal. Das klingt pedantisch, ist aber der einzige Weg, Chaos rund um den CD-Player zu vermeiden. Sonst stapeln sich bald wieder mehrere leere Hüllen, und die Gefahr, dass eine CD in die falsche Hülle gerät, steigt drastisch. Leider praktizieren das nicht alle Familienmitglieder so, aber zumindest sind sie offen für meine Erziehungsversuche.

Wenn Sie sich für ein CD-Regal entscheiden, sind Einschübe in exakter CD-Höhe (quer oder hochkant) sehr praktisch. Stapeln Sie CDs niemals, sonst wird jede Ordnung nur von kurzer Dauer sein.

Begrenzte Lebensdauer

Bedenken Sie, dass CDs und DVDs nicht ewig halten. Zwar wird von Herstellerseite eine Haltbarkeit von bis zu 100 Jahren versprochen, aber die gilt nur bei optimaler Temperatur und Luftfeuchtigkeit. Besonders geliebte Stücke überprüfen Sie daher besser von Zeit zu Zeit. Sicherungskopien sind aber nicht notwendig. In heutigen Zeiten findet sich nahezu alles (gebraucht) zum Verkauf im Internet.

Selbst gebrannte CDs

In vielen Regalen überwiegen mit der Zeit gebrannte Exemplare. Wenn Sie nicht dafür vorgesehene CD-Aufbewahrungsmappen benutzen möchten, weil sie nicht schön oder nicht gut aufzubewahren sind, muss jede CD in eine eigene Hülle und nicht nur in ein Papiertütchen. Beschriften Sie ausnahmslos alle Boxen so, dass Sie am Rücken erkennen, was sich darin befindet. Benutzen Sie beim Beschriften Stifte in unterschiedlichen Farben, das erleichtert das Wiederfinden.

Klassiker der Filmgeschichte und Eintagsfliegen

Viele Filme schaut man sich einmal an und stellt sie danach ins Regal. Manche aber kommen regelmäßig bei Filmabenden zum Einsatz oder sie werden jedes Jahr einmal, beispielsweise zu Silvester, gebraucht. Schauen Sie prüfend durch Ihre Sammlung: Wahrscheinlich steht dort einiges, was Sie sich nie mehr ansehen werden. Im Internet finden Sie Möglichkeiten, DVDs zu relativ guten Preisen zu verkaufen, gerade wenn es sich um Serien handelt. Recherchieren Sie einfach mal.

> **„Tue es oder tue es nicht. Es gibt kein Versuchen."**
>
> *– Yoda in „Star Wars – Das Imperium schlägt zurück"*

Filme auf DVD aufzubewahren und zu archivieren, wird so bald nicht aus der Mode kommen, selbst wenn sich unsere Fernsehgewohnheiten durch die Internetangebote der Fernsehsender und Anbieter wie Netflix etc. stark verändert haben.

Boxen und Einzel-DVDs finden aufrecht stehend im Bücherregal (bietet sich aufgrund des Formats an) oder aber in einem eigenen Regal neben/unter dem Fernseher Platz. Auch hier sortieren Sie am besten nach Genres:

- Unterhaltung: Actionfilme, Liebesfilme, Krimis etc.
- Serien
- Lehrfilme, bspw. Anleitungen zu Sport und Yoga
- Sprachkurse

Das Sortieren nach Genres stellt sicher, dass Sie die DVD bei Bedarf schnell finden. Genauso wichtig wie das Sortieren im Vorfeld ist es, jedes Exemplar nach Gebrauch an seinen Platz zurückzustellen.

Gut sortierte Regale sorgen für so viel mehr Wohlbefinden und Freude (bei einer umfangreichen Sammlung auch Stolz), dass es die Mühe wert ist, CDs und DVDs genauso gut zu organisieren wie Ihre Bücherregale.

Apropos CDs

Wie gesagt habe ich mich erfolgreich ausgetrickst, indem ich beim Aufräumen meiner Musik-CDs und Hörbücher einfach mal etwas aufgelegt habe, wenn ich Zweifelsfälle in der Hand hatte. Dabei habe ich so manche alte Schätze entdeckt, aber noch viel mehr als inzwischen unhörbar entlarvt.

Vor allem aber bin ich auf den Geschmack gekommen, was das Hören von Texten zum Aufräumen und Abstauben betrifft. Zum einen habe ich viel weniger das Gefühl, Zeit zu verlieren, wenn ich zur Hausarbeit einen Roman höre. Zum anderen zwingt mich das Hören zur Konzentration. Ich arbeite mehr an einer Stelle, und ich lasse die Gedanken weniger schweifen, z. B. zu anderen Orten, an denen ich auch noch aufräumen müsste, aber gerade nicht kann, weil ich ja hier beschäftigt bin.

Inzwischen habe ich den Vorrat an Hörbüchern längst weggehört und bin dazu übergegangen, mir noch mehr davon auszuleihen oder Podcasts zu allen möglichen Themen zu hören, die mich interessieren. So schlage ich zwei Fliegen mit einer Klappe und bin nach der Arbeit immer noch entspannt.

Büro, Büro

Wenden wir uns nun dem Arbeitszimmer oder dem Arbeitsbereich der Wohnung zu. Nicht jeder hat ein eigenes Zimmer für Schreib- und Verwaltungsarbeiten. Da aber inzwischen fast jeder auch in der Freizeit Dinge am Computer zu erledigen hat, ist die ideale Umgebung dafür ein geräumiger Schreibtisch. Wenn der nicht vorhanden ist, rate ich dazu, zumindest eine kleine Ecke in der Wohnung für den Rechner, Stifte und Papier – kurz, alles, was mit dem privaten Büro zu tun hat – einzurichten.

Die Arbeitsumgebung

Ob mit oder ohne Schreibtisch: Sorgen Sie dafür, dass in Ihrer Arbeitsecke ausnahmslos gute Stifte, schmierfreie Radierer, eine gut funktionierende Schere, ein paar Büroklammern, ein USB-Stick sowie ein Heftgerät/Tacker und ein Locher zur Verfügung stehen. Diese Dinge befinden sich entweder in einer Schreibtischschublade oder, wenn die nicht vorhanden ist, in einem verschließbaren Kästchen.

Alles, was darüber hinausgeht, unterziehen Sie einer gründlichen Prüfung, wie oft und ob Sie es überhaupt brauchen. In einem weiteren Fach im Schreibtisch befinden sich Papiervorräte, spezielle Stifte wie Leuchtmarker oder Folienstifte, Haftnotizen und Ähnliches. Auch hier gilt die Goldene Regel: Alles, was Sie besitzen, sollte einen festen Platz haben. Wenn es nicht gebraucht wird, sollte es auch keinen Platz beanspruchen.

Wenn Sie über keinen Schreibtisch verfügen oder eben nicht den Platz dafür haben, richten Sie sich ein Regalfach ein, in dem Sie die oben genannten Dinge aufbewahren. Besorgen Sie sich eine Schubladenbox, die groß genug ist, um auch Papier und Schriftstücke darin aufzubewahren. Für die kleineren Teile genügt eine hübsche, vielleicht selbst gemachte Schachtel. Unterziehen Sie diese Schachtel in Zukunft einer regelmäßigen Prüfung, Sie werden sehen, dass sich dort ganz leicht Undefinierbares ansammelt.

Auch für Büroartikel gibt es sogenannte Utensilos, also Organizer, die Sie an die Wand hängen können. Darin findet sich alles, was Sie rund ums Büro benötigen, schnell wieder, wie z. B. Stifte, Büroklammern und Notizzettel.

Das wichtige Regal

Richten Sie sich ein Regal mit Ordnern für die wichtigsten Unterlagen ein. Reservieren Sie etwa einen Ordner

- für die Steuerunterlagen mit allen dafür wichtigen Rechnungen
- für Arbeitsverträge und Zeugnisse sowie Teilnahmebescheinigungen etc.
- für Versicherungen aller Art
- für Verträge und ggf. Rechnungen rund um Telefon/Handy
- für Verträge und ggf. Rechnungen rund um Internet/Fernsehen
- für alle Angelegenheiten zu Gesundheit und Vorsorge
- für alle Finanzangelegenheiten
- für Dokumente rund um Wohneigentum und Auto
- für wichtige Dinge, die in keine der genannten Rubriken passen.

Außer den wichtigen Unterlagen sollten Sie ein kleines Fach für direkt zu erledigende Post einrichten und ein größeres für wichtige Post, die erledigt ist, die Sie aber nicht jedes Mal in einem der Ordner ablegen möchten. Das Fach für zu erledigende Post bearbeite ich mindestens einmal wöchentlich, und ich empfehle jedem, es genauso zu tun, damit nichts Wichtiges unter die Räder kommt. Das größere Fach leert man im Idealfall monatlich, aber ich habe auch von Menschen gehört, die das nur einmal im Jahr zur Steuererklärung tun. Da die Post erledigt ist, ist das auch völlig in Ordnung.

Ab in die Tonne

Ob es nun ein Schreibtisch ist oder eine Ecke in der Wohnung, in der Sie sich um die Administration Ihres Lebens kümmern: Wenn dieser Ort chaotisch und unübersichtlich ist, wird es schwer, die wichtigen Dinge des Lebens im Griff zu behalten. Wenn sich dort die Papierberge türmen oder Ihnen zumindest nicht ganz geheuer ist, was Sie dort beherbergen, ist es Zeit, dass Sie ihn wieder zu einem angenehmen Ort machen. Dann erledigt sich die ungeliebte Büroarbeit auch leichter und lieber. Nachdem Sie also die oben genannten Ordner eingerichtet und die notwendigen Büromaterialien sortiert und eingeräumt haben, entledigen Sie sich des Rests:

- ausgetrocknete Stifte, Kugelschreiber ohne Minen oder Minen ohne Kugelschreiber
- ein Übermaß an Altpapier zum Drucken
- Patronen für den nicht mehr vorhandenen Füller
- angefangene Blöcke und Notizbücher
- alte Einladungen
- Werbung, Pizzaflyer, Konzertprogramme etc.

All das findet seinen Weg in den Müll und macht den Weg frei zur perfekten Büro-Organisation.

Die drei Büro-Regeln

Schon wieder drei Regeln, aber die liegen mir auch wirklich am Herzen, da sie fürs Wohlbefinden allgemein sehr wichtig sind. Auch sie sollten zu Routinen werden, über die Sie nicht weiter nachdenken, sondern sie einfach immer durchführen:

Regel Nr. 1:
Rechnungen sofort bezahlen. Ohne Umschweife und ohne Ausnahmen. Was man in Anspruch genommen hat, sollte man

auch unverzüglich zahlen. Das schont Nerven und erspart der Gegenseite Arbeit. Das Gefühl, seine Finanzen jederzeit im Griff zu haben, gibt Sicherheit und Vertrauen. Im Zeitalter des Onlinebankings ist das schnelle Überweisen ohnehin kein Problem mehr.

Regel Nr. 2:
Termine und Kontaktdaten immer notieren – sei es in einem Kalender, einem Büchlein oder im Handy. Legen Sie kein Schriftstück mit Telefonnummern, Adressen oder angekündigten Terminen aus der Hand, ohne diese in Ihr System zu integrieren. Das ist so, als würde man die Schuhe unterm Küchentisch abstreifen: Später sucht man sie nur. Auch wenn sich der Gedanke aufdrängt, dass man alles genauso gut später erledigen oder sich merken könnte.

Regel Nr. 3:
Wichtige Post bleibt maximal eine Woche auf dem Schreibtisch. Das Körbchen, das Sie sich für eingehende Post eingerichtet haben, ist einmal wöchentlich dran und wird gefilzt. Spätestens dann sollten Termine vereinbart, Anrufe getätigt und Mitbringsel oder Geschenke für wichtige Anlässe besorgt sein. Die Flut an Erledigungen lässt nie nach, und damit die Welle nicht zu reißend wird, macht man am besten alles sofort. Schaffen Sie direkt weg, was erledigt werden muss, und lassen Sie nichts zu lange liegen.

Mit diesen drei Regeln werden Sie innerhalb kurzer Zeit spüren, wie angenehm Ordnung in Verwaltungs- und Finanzangelegenheiten ist. Alles, was erledigt ist, wandert in das bereits erwähnte Fach der erledigten Post und wartet dort geduldig (weil erledigt) auf die endgültige Ablage.

Für Belohnungen sorgen

Gerade im Bürobereich gibt es zahllose Möglichkeiten, sich für die getane Arbeit zu belohnen: mit neuen Stiften, einem Füller gar, oder einem hübschen Notizbuch, das alle anderen ersetzt.

Sonstiger Ballast

- Briefe und Fotos gehören zu den Dingen, die uns erfreuen oder belasten können.

Manche wollen nicht darauf verzichten, nach Jahren mit Fotos in Erinnerungen zu schwelgen oder alte Briefe zu lesen und sich an ehemalige Brieffreundschaften zu erinnern. Ob man diese aufbewahrt, ist eine Frage persönlicher Vorlieben und kann nur von Ihnen entschieden werden. Manche Menschen heben gerne jede Glückwunsch- oder Ansichtskarte auf. Das Gleiche gilt für Fotos. Allerdings werden Fotos (meiner Ansicht nach: leider) immer seltener aus zerwühlten Schachteln gezogen, sondern versammeln sich in mehr oder weniger geschmackvoll gestalteten Fotobüchern.

- Betriebsanleitungen und Garantien: Übertreiben Sie es nicht mit dem Archivieren. Die Betriebsanleitungen der meisten Geräte kann man online einsehen, und nur selten kommt es tatsächlich zu einem Garantiefall. Wichtig ist es jedoch, Quittungen von steuerlich absetzbaren Geräten aufzuheben, und zwar gleich im passenden Ordner.

So bleibt die Ordnung von Dauer

Den meisten Müll im Bereich „Akten und Büro" beziehen Sie aus dem Briefkasten. Entsorgen Sie hier beherzt und möglichst direkt:

- Werbung gelangt gar nicht erst in die Wohnung, sondern landet sofort in der Papiertonne. Die Papierflut aus dem Briefkasten können Sie im Vorfeld aber schon mit einem Aufkleber „Bitte keine Werbung einwerfen" eindämmen.

- Elternbriefe, Einladungen, Trainings- und Probepläne vom Sportverein oder von der Theatergruppe bleiben nur so lange im Haushalt, bis die genannten Termine verstrichen sind. Wenn Sie diese nicht mit Magneten am Kühlschrank oder mit einer Reißzwecke über dem Schreibtisch befestigen wollen (die wohl häufigsten und immer noch praktischsten Methoden), legen Sie diese ins Fach für zu bearbeitende Post, denn darum handelt es sich genau genommen ja auch.

- Tageszeitungen, ob gelesen oder nicht, regelmäßig entsorgen (mindestens einmal pro Woche). Falls Sie keine Altpapiertonne haben, nehmen oftmals Wertstoffhöfe oder auch Jugend- und Sportvereine aus der Umgebung das – sortierte und sauber gebündelte – Altpapier gerne entgegen.

Auf diese Weise sollte sich erst gar kein Berg an Papieren und Unterlagen auftürmen können und die Ordnung im kleinen „Privatbüro" lange erhalten bleiben.

Müde
macht uns die
Arbeit,
die wir
liegen lassen,
nicht die,
die wir tun.

MARIE VON EBNER-ESCHENBACH

Apropos Büro: DIE SACHE MIT DER POST

KENNEN SIE DAS? Noch im Flur reißt man den Brief vom Finanzamt oder die hübsche Einladung zum runden Geburtstag auf, ungeduldig zu erfahren, wie viel Geld man erwarten darf oder wer sich da wie und wo feiern möchte. Gleich darauf hat jemand Hunger, klingelt das Telefon oder warten die müden Füße einfach nur noch darauf, hochgelegt zu werden. Die Briefe wandern auf einen sowieso schon recht unübersichtlichen Haufen neben dem Küchenradio und kriegen im schlimmsten Fall auch noch was von der Tomatensoße ab, die es zum Abendessen gibt.

Geben Sie sich auch an dieser Stelle einen kleinen Ruck und öffnen Sie Post nicht ungeduldig im Stehen und nicht mit den Händen. Gönnen Sie sich einen Moment im Sitzen, nehmen Sie einen Brieföffner oder ein Messer zu Hilfe und studieren Sie Ihre Post in Ruhe. Legen Sie sich (siehe oben) einen Posteingang (ein Fach oder eine Schachtel) an, der sich am besten auf dem Schreibtisch oder – falls nicht vorhanden – in dem Bereich der Wohnung befindet, in dem Sie Papierkram erledigen. Wichtig dabei: Stecken Sie Briefe und Karten zurück in ihre Umschläge. Meistens braucht man sie nicht mehr, aber Sie werden feststellen, dass ein pfleglicher Umgang mit der Post dazu beiträgt, dass es leichter fällt, sich genauso um ihre Erledigung zu kümmern. Auf Dauer werden Sie feststellen, dass Ihnen so keine wichtige Mitteilung mehr entgeht und dass Papierkram nur ein notwendiges Übel ist, keine unheimliche Bedrohung.

Der Kleiderschrank

„Aus dem Bewusstsein, gut angezogen zu sein, empfängt eine Frau mehr innere Ruhe als aus religiöser Überzeugung“, sagte ein Philosoph des 19. Jahrhunderts: Ralph Waldo Emerson. Ich würde es nicht so ausdrücken, aber es ist mir durchaus wichtig, gut angezogen zu sein. Der Kleiderschrank wäre Emerson zufolge dann wohl eine Art Schrein oder Tempel, und den wollen wir uns mal näher ansehen.

Luft schaffen und neu einräumen ist die Devise. Oft stehen dem aber zwei Dinge im Weg: Zum einen sind es zu viele Stücke, die untergebracht werden wollen. Zum anderen fehlt ein System bei der Aufbewahrung. Machen Sie sich also Schritt für Schritt erst an die Reduktion und dann daran, alles nach einem neuen, durchdachten System wieder einzusortieren.

Was nicht passt oder gefällt, fliegt raus

Zunächst müssen Sie Platz schaffen. Nach welchen Kriterien sollte man nun reduzieren? Wahrscheinlich sind es diese drei Kategorien von Kleidungsstücken, die Ihnen bei der Auswahl Ihrer Garderobe oder beim Aufräumen immer wieder im Weg sind:

1. Fehlkäufe und ambitionierte Anschaffungen:
Manchmal hat man sich in der Farbe oder im Schnitt vertan und muss feststellen, dass man ein Teil seit Jahren nicht getragen hat. Dazu kommen eilige Käufe vor einem festlichen Anlass, die man ein einziges Mal getragen hat und dann nie wieder.

2. Kleidung, die nicht mehr passt:
Die meisten Menschen werden beobachten, dass sich der Körper bzw. die Figur verändert. Diese Entwicklung lässt sich kaum aufhalten und ist nur natürlich. Belasten Sie sich nicht mit Kleidung, die nicht mehr sitzt, wie sie soll, und deshalb auch keine Freude mehr macht.

3. Geliebte abgetragene Kleidung:
Ausgeblichene, abgewetzte Jeans, aus der Form geratene Shirts, fusselige Pullover – um nur ein paar Beispiele zu nennen. Weil die Lieblingssachen Sie aber schon seit Jahren durch dick und dünn begleitet haben, fällt Ihnen der Abschied schwer.

Wenn Sie sich entschlossen haben, den Kleiderschrank aufzuräumen, tun Sie das am besten, wenn alle Kleidung sauber ist. Sortieren Sie großzügig für die Wäsche aus und waschen und trocknen Sie alles. Nur so bekommen Sie einen Überblick darüber, wie viel Sie wirklich besitzen und wie viel Platz Sie brauchen.

Es wird ernst

Holen Sie einmal tief Luft und räumen Sie alles aus Ihrem Kleiderschrank heraus. Oberteile und zusammengefaltete Hosen werfen Sie getrost auf den Boden, wobei Sie zuvor am besten einmal durchsaugen. Blusen, Kleider und Mäntel legen Sie mit oder ohne Bügel auf das Bett (das Sie am besten vorher glatt ziehen). Der Effekt dieses rigorosen Ausräumens ist, dass Sie gezwungen sind, später beim Einräumen alles in die Hand zu nehmen und neu zu falten. Kein Stück bleibt unentdeckt, alles muss die Prüfung durchlaufen, ob es bei Ihnen bleiben und einen Platz im Schrank beanspruchen darf. Alles, was zu einer der drei zuvor genannten Kategorien gehört, landet auf einem großen Haufen.

Bringen Sie alles, was Sie als überflüssig oder belastend identifiziert haben, aus dem Zimmer. Um das Entsorgen kümmern Sie sich später. Dazu stehen Ihnen vielfältige Möglichkeiten zur Verfügung, die wir bereits im ersten Teil besprochen haben. Zunächst wenden Sie sich nun dem Teil Ihrer Garderobe zu, den Sie zwingend benötigen und auch regelmäßig tragen.

Nichts vergessen

Fügen Sie dem Berg alles an Bekleidung hinzu, was Sie noch im Haus finden und was theoretisch in diesen Schrank gehört, wie z. B. den Inhalt der Sporttasche oder die Schals, die sich im Flur an der Garderobe angehäuft haben. Manchmal verstecken sich sogar noch alte Schätze in einer Tasche oder im Koffer unter dem Bett – oder gar bereits ausrangierte Kleidung im Keller.

Einräumen: ein Zuhause für jedes Teil

Es war doch klar, dass wir auch beim Kleiderschrank wieder auf die Goldene Regel zurückkommen! Ist das Aussortieren erledigt, räumen Sie den Kleiderschrank mit all den Teilen, die Sie behalten wollen, neu ein. Die Devise dabei ist, dass jedes Teil gut zugänglich sein muss. Quetschen Sie an keiner Stelle, weder in den Fächern mit gefalteter Kleidung noch auf der Stange mit den Bügeln. Alles, was hängen muss, hängt und hat einen eigenen Bügel. Denn nur wenn jedes Teil einen Platz hat, an den es gehört, wird die neue Ordnung dauerhaft sein. Ich gehe in meinem Kleiderschrank nach folgendem Prinzip vor:

- Pullover, unempfindliche Strickjacken, T-Shirts, Tops, Leggings und Jeans sowie unempfindliche Hosen werden gefaltet und in den Fächern gestapelt. Ich finde es unnötig, Jeans oder Fleece-Pullis auf Bügel zu hängen.

- Blusen, Kleider, Röcke, Kostüme, empfindliche Oberteile, feinere Strickjacken, Hosen, Mäntel, Jacken, Blousons und Jacketts hängen auf Bügeln. Das gilt auch für Sakkos und Anzüge des Mannes, aber was sollte man mit denen auch sonst machen?

- Unterwäsche wird in meinem Haushalt ebenfalls gefaltet und möglichst in Schubladen untergebracht, die von oben einsehbar sind. Das Gute am Falten ist, dass man die Schubladen viel besser füllen kann und alles auf den ersten Blick erkennt.

Sortieren und stapeln

Sortieren Sie sämtliche Kleidung, die Sie falten, nach den folgenden Kategorien:

- dicke Pullover und Strickjacken aus Wolle, Fleece o.Ä.
- dünne, leichte Pullover und Jacken oder Cardigans
- Langarm-Shirts
- T-Shirts mit kurzen Ärmeln/ärmellos
- sonstige Oberteile/Tops
- Jeans und andere unempfindliche Hosen
- Nacht- und Unterwäsche
- Sportkleidung

Die Garderobe ist kein Lagerplatz

Sofern an Ihrer Garderobe Jacken und Mäntel an Haken aufgehängt werden, sollten sie dort nicht zu lange hängen, sondern lieber auf Bügeln im Schrank. Das bewahrt ihre Passform, die Schultern bleiben formschön, und sie verstauben auch nicht. Eine leere Garderobe ist zudem auch einladender für Gäste, wenn man sie nicht bitten will, die Jacken über den Stuhl oder auf die Couch zu werfen.

Stapel „in zweiter Reihe"...

... sollten Sie unbedingt vermeiden. Es führt nur dazu, dass Sie beim Kramen nach einem vermissten Stück für Unordnung sorgen und dass ungeliebte Teile wieder in der Versenkung verschwinden. Nutzen Sie den Raum hinter den Pulloverstapeln höchstens für Schachteln, in denen Sie Hüte oder sonstige Accessoires aufbewahren, die Sie nicht oft brauchen. An diese Ordnung halten Sie sich künftig beim Einräumen der frisch gewaschenen Teile. So wird auch das Auslagern von Sommer- und Winterstapeln ganz einfach.

Falten mit System

Wenn Sie im Falten von Kleidung ungeübt sind, nehmen Sie zunächst einen Tisch zu Hilfe. Legen Sie das Teil vor sich hin und streichen Sie es sorgfältig glatt. Bei Oberteilen schlagen Sie die seitlichen Teile mit den Ärmeln ein, sodass ein längliches Rechteck entsteht. Dieses Rechteck falten Sie je nach Länge zur Hälfte zusammen oder dritteln es. Auf diese Weise entstehen aus Pullovern, T-Shirts und Tops jeweils einigermaßen gleich große Rechtecke, die Sie gut aufeinanderstapeln können. Zu Rechtecken falten können Sie auch Jeans und Hosen, die keinen Bügel brauchen. Letztlich lässt sich so gut wie jedes Teil in eine stapelbare Form bringen, und das sollten Sie auch tun.

Nicht übertrieben: Unterwäsche falten

Auch Unterwäsche lässt sich ohne Probleme falten:

- Unterhemden werden längs in der Mitte halbiert und dann noch zweimal quer, sodass ein kleines Paket entsteht.
- Unterhosen werden wie folgt gefaltet:
  1. Erst die eine Seite einschlagen …
  2. … dann die andere.
  3. Nun die Unterhose von unten nach oben zum Bündchen hin falten. Zum Schluss die Unterhose umdrehen, damit das „Faltpäckchen“ sich nicht öffnen kann.

- BHs werden je nach Größe ungefaltet ineinandergestapelt oder auch gehälftet. In jedem Fall werden die Träger schön ordentlich in die Körbchen gesteckt.
- Socken und Kniestrümpfe werden sorgfältig glatt gestrichen, paarweise aufeinandergelegt und dann entweder übereinandergestülpt oder einfach so gefaltet.
- Auch Fein- und Wollstrumpfhosen lassen sich gut aufeinanderlegen, glatt streichen und zu stapelbaren Päckchen falten.

Wenn Sie so vorgehen, wird es kein Problem sein, alle Teile ordentlich in Schubfächer einzusortieren und auf einen Blick entscheiden zu können, welches Teil Sie tragen möchten. Wenn Sie nicht über genügend Schubfächer verfügen, findet die Unterwäsche in einem hübschen beschrifteten Karton Platz, aus dem Sie jedes Teil entnehmen können, ohne die anderen durcheinanderzubringen. Nutzen Sie, sofern vorhanden, alte Schuhkartons, die Sie nach Wunsch dekorativ bekleben oder bemalen und mit Beschriftungsetiketten versehen.

Auf Bügel hängen

Bevor Sie ein Teil aufhängen, schütteln Sie es kräftig aus, so fallen die Teile auf dem Bügel natürlicher. Achten Sie darauf, dass

der Bügel nicht die Schultern ausbeult. Das ist besonders bei feinen, empfindlichen Tops und Strickjacken, die hängen sollen, wichtig. Achten Sie auch darauf, dass bei Oberteilen und Blusen der Kragen symmetrisch fällt und dass er nicht von Nachbarteilen zusammengedrückt wird.

Hängen Sie Ihre Teile so, dass deren Unterkante eine aufsteigende Linie bildet. Mäntel hängen ganz außen, dann folgen Kleider, Röcke und Kostüme. Den Abschluss bilden Jacketts, Blusen und kurze Tops. So können Sie den Raum unter den kürzeren Teilen als Abstellfläche nutzen, z. B. für eine Kiste, in der Sie je nach Saison die Sachen aufbewahren, die Sie gerade nicht brauchen. Unter den kurzen Teilen können dann z. B. Stiefel mit hohem Schaft Platz finden.

Leicht und frei

Alles ist gestapelt, liegt akkurat in den Fächern, hängt ordentlich an der Kleiderstange. Ein ganz neues Lebensgefühl! Die Freude am frisch hergerichteten Schrank, den lose hängenden Bügeln und den gut zugänglichen Pulloverstapeln wird es Ihnen erleichtern, mit den ausrangierten Teilen Ihrer Garderobe kurzen Prozess zu machen.

Koffer und Trolleys

Koffer und Trolleys sind am besten im Keller aufgehoben, ggf. in Folie verpackt, damit sie keinen Geruch annehmen. In den seltensten Fällen findet sich in der Wohnung ein angemessener Platz dafür. Sie in Spalten zwischen Möbeln oder auf Schränken zu lagern, ist keine gute Idee, dafür sind sie zu sperrig und bereichern nicht gerade die Optik. In nicht genutzten Koffern Kleider zu lagern, ist ebenfalls nicht ratsam, denn in den meisten Fällen nutzen Sie dann weder Kleidung noch Koffer.

Damit es so schön bleibt

Pullover- und T-Shirt-Stapel verändern sich beim Einräumen und Herausnehmen mit der Zeit. Überprüfen Sie in Zukunft bei jeder Wäsche, ob alles noch am Platz sitzt und ob Ihre Stapel stabil sind. Wenn nicht, falten Sie ein paar Teile neu. Schauen Sie auch nach jeder Wäsche prüfend über die Kleiderstange mit den Bügeln und bringen Sie, wenn nötig, Ordnung in die Reihenfolge. Nur so bleibt der Kleiderschrank auf Dauer schön ordentlich.

Damit sich Ihr wohlgeordneter Bestand nicht wieder auf wundersame Weise vermehrt, halten Sie sich an die Regel, dass ein Teil gehen muss, wenn Sie ein neues kaufen. Zu viele alte Stücke aufzuheben fürs Sofa und die Gartenarbeit, ist nicht sinnvoll. Trennen Sie sich in Zukunft frühzeitig und beherzt von ausrangierten Sachen, damit die neu gewonnene Ordnung lange erhalten bleibt.

Belohnen Sie sich!

Der Blick auf die glatten Stapel und frei hängenden Teile ist oft schon Lohn genug. Und es muss ja nicht gleich ein neues Teil zum Anziehen sein, das Sie sich gönnen. Aber stellen Sie sich bei der Kleiderschrankaktion etwas in Aussicht, was Ihnen Freude macht, z. B. hübsche Duftsäckchen, die Sie zwischen den Kleiderstapeln verteilen. Auch leere, offene Parfümflaschen kann man zwischen Pullover und T-Shirts schieben, so nehmen diese immer noch ein wenig Geruch auf.

Apropos Kleider: LASS ES FLIESSEN

Für den Kleiderschrank gilt ganz besonders meine Beobachtung, dass Ordnung kein Zustand ist, sondern ein Prozess. In keinem Bereich der Wohnung werden Dinge so viel bewegt wie beim An- und Ausziehen. Selbst wenn wir nicht besonders modebewusst sind, kommen verschiedene Bereiche (Tag, Nacht, Sport, Garten, Arbeit, Freizeit) zusammen, sodass es einiges zu verstauen gibt und einiges in Bewegung ist:

- Kleidung wird getragen, gewaschen, wieder getragen, zwischendrin liegt und hängt sie herum.

- Geliebte Kleidung verschleißt, und man mag sie nicht weggeben, auch wenn man sie schon ersetzt hat.

- Die Mode tut das ihre dazu: Manche Dinge mag man nicht mehr tragen, aber weggeben will man sie auch nicht, weil es ja sein könnte, dass in ein paar Jahren genau dieser Schnitt wieder modern sein wird.

Deshalb gilt, wie ich schon oft gepredigt habe: Fließen Sie mit. Schaffen Sie genug Platz für alles, was Sie haben und gebrauchen. Erlauben Sie sich ein paar Lieblingsteile, die bleiben dürfen, aber halten Sie die Waage beim Neukauf: Was ersetzt wird, sollte auch wirklich gehen. Ein Ort, an dem Wäsche ungestört auslüften kann, schützt vor Kleiderbergen vorm Bett, und ein guter Platz für den Wäscheständer lässt sich auch finden, notfalls mit ein wenig Möbelrücken.

Sorgen Sie dafür, dass Sie locker mitschwimmen im Fluss der neuen und getragenen, einmal und mehrmals getragenen, gewaschenen und getrockneten Wäsche.

Noch mehr Stoff: Handtücher, Bettwäsche und Tischdecken

Zugegeben: Die Zeiten des Mitgiftschranks sind vorbei. Aber dennoch bereitet der Blick auf ein wohlsortiertes Wäschefach Freude, darum ein paar Worte auch hierzu. Wenn Sie sich beim Thema Wäsche auf das Notwendige beschränken, brauchen Sie kein spezielles Möbelstück dafür. Ein dafür freigehaltenes Fach im Kleiderschrank sollte ausreichend sein. Das gilt vor allem dann, wenn Sie die Handtücher im Badezimmerschrank aufbewahren und die Küchentücher in einer Schublade in der Küche.

Bevor Sie sich ans Einsortieren machen, prüfen Sie wie immer Ihren Bestand kritisch. Bei Wäsche liegt der Gedanke nahe, dass sie in ferner Zukunft noch zum Einsatz kommen könnte, wenn der aktuell benutzte Satz zerschlissen ist. Wägen Sie ab, ob Sie dafür viel Stauraum belegen möchten oder ob es nicht schöner ist, in ein paar Jahren etwas Neues zu besorgen, wenn Bedarf besteht – und zwar nur dann.

Handtücher für Bad und Küche

Wichtigstes Kriterium für ein Handtuch, egal ob für Bad oder Küche, ist, dass es gut trocknet – sowohl selbst als auch Hände oder ein Geschirrstück. Ist es zu glatt oder zu abgenutzt, muss es den Haushalt verlassen. Darüber hinaus gibt es in Ihrem Fundus vielleicht Tücher, die löchrig oder einfach nicht mehr ansehnlich sind, sodass sie ein Schattendasein im Schrank führen. Entledigen Sie sich dieses Ballasts! Küchenarbeit soll effektiv sein, und Duschen soll Freude machen. Wenn das nicht der Fall ist, liegt es womöglich am falschen Tuch!

Waschen Sie Küchentücher oft und zusammen mit jeder Wäsche. Wenn Sie so vorgehen, reichen Ihnen vier Exemplare, denn so sind immer zwei im Einsatz und zwei in der Wäsche. Mehr Tücher beanspruchen nur zu viel Platz in der Küche.

Handtücher fürs Bad sollten es ein paar mehr sein, vor allem wenn Sie zu den Menschen gehören, die alle zwei oder drei Tage ein frisches Tuch benutzen. Halten Sie so viele Tücher bereit, dass Sie nicht öfter als alle zwei Wochen waschen müssen. Übrigens bleiben Frottierhandtücher deutlich länger frisch, wenn man sie nach der Benutzung gründlich über die Heizung oder eine Stange gelegt trocknet. Handtücher, die feucht an den Haken zurückgehängt werden, werden schnell muffig. Trocknen Sie auch benutzte Tücher gründlich, bevor Sie sie in die Schmutzwäsche geben.

Handtücher falten für kleine Schränke

Es ist sinnvoll, Handtücher im Bad aufzubewahren. So sind sie immer griffbereit. Damit sie dort auch in einen kleinen Schrank oder ein schmales Regal passen, können Sie von der Zweimal-längs-zweimal-quer-Faltung abweichen, die ein Quadrat erzeugt. Falten Sie ruhig auch zweimal quer und einmal längs:

- Erst halbieren Sie das Handtuch durch eine Querfaltung, es entsteht ein Quadrat.
- Dann halbieren Sie das Quadrat nochmals quer zu einem Rechteck.
- Das falten Sie nun längs zu einem handlichen Quadrat, das sich gut unterbringen lässt.

Duschtuch falten

Duschtücher sind gut zu deponieren, wenn man sie durch zweimaliges Falten drittelt und dann aufrollt. Die so entstandenen Pakete sind kompakt und stabil.

Bettwäsche

Beim Ausmisten der Bettwäsche gilt wie für alle anderen Dinge in Ihrem Haushalt: Nur was regelmäßig benutzt wird, bleibt im Schrank. Im Grunde genügen zwei Garnituren pro Person. Eine wird genutzt, während die andere in der Wäsche ist. Das Waschen und Trocknen geht in der Regel so schnell, dass es nicht notwendig ist, größere Vorräte an Bettwäsche anzuhäufen. Jetzt sehe ich gerunzelte Stirnen bei Menschen, die gerne Gäste über Nacht empfangen oder regelmäßig die erwachsenen Kinder zu Gast haben. Es gilt wie immer: Orientieren Sie sich an Ihrem Bedarf. Was gebraucht wird, bleibt. Was bleibt, bekommt einen festen Ort zugewiesen.

Wahrscheinlich besitzt nahezu jeder Mensch mehr Bettwäsche. Mal hat man Lust auf leichten Satin oder auf die Fan-Wäsche vom Lieblingsverein. Biberbettwäsche ist im Winter herrlich, im Sommer schwitzt man darin. Machen Sie es sich also auch hier zum Grundsatz, dass Sie alles entsorgen, was Sie zu wenig nutzen. Spätestens wenn Sie einen Stapel zum dritten Mal bewegen, ohne dass je ein Teil daraus benutzt wurde, wird es Zeit für einen Abschied.

Behalten Sie nur die Spannbettlaken, die zur Bettwäsche passen und die die gleiche Größe wie die aktuell benutzte Matratze haben. Wenn Ihnen die Farbe nicht mehr gefällt oder Sie einst versehentlich eine falsche Größe angeschafft haben, entsorgen Sie das Laken, indem Sie es in kleine Putzlappen zerschneiden.

Praktische Bettkästen: Sehr praktisch sind Betten, die unter der Matratze Schubfächer haben. Dort lässt sich mühelos alle Bett-

wäsche unterbringen und ist immer griffbereit.

Der Trend zum schmalen Kissen

Die schmalen Kissen im Format 40 x 80 Zentimeter sind auf dem Vormarsch. Während in den vergangenen Jahrzehnten große, quadratische Kopfkissen häufig verbreitet waren, finden immer mehr schmale Kopfkissen den Weg in unsere Schlafzimmer. Ein Grund, die alte Bettwäsche abzuschaffen, ist das aber nicht. Sie können Ihre Kissenbezüge einfach teilen und mit einer neuen Knopfleiste versehen.

Oder Sie schlagen den Bezug, wenn das Kissen schon drinnen steckt, doppelt nach innen und schieben die gefalteten Enden sorgfältig in die Ecken des Bezugs. So bleiben Kissen und Bezug gut in Form, und Sie brauchen keine neue Bettwäsche.

Tischwäsche

Das Verwenden von Tischwäsche für feierliche Anlässe ist deutlich seltener geworden. Ein blanker Holztisch galt im letzten Jahrhundert noch als ärmlich, heute empfinden wir das als schick und auf angenehme Weise zurückgenommen. Dennoch ist es für manche Menschen zu bestimmten Gelegenheiten wichtig, aus hochwertigem Geschirr auf einer feinen Tischdecke zu speisen. Entscheiden Sie nach Ihrem Geschmack.

Da die Tischdecke also meist dazu dient, feierliche Anlässe noch etwas feierlicher zu machen, muss sie makellos sein. Sortieren Sie zum einen aus, was Ihnen nicht gefällt, weil es aus der Mode gekommen oder als ungeliebtes Erbstück bei Ihnen gelandet ist. Tischwäsche, die nicht zu Ihrem Service passt, sollten Sie ebenfalls nicht behalten. Eine Decke, die Ihnen zwar gefällt, aber nicht die Größe Ihres Tisches hat, können Sie ändern: Hier lässt sich durch Kürzen leicht Abhilfe schaffen, oder die Decke wird vergrößert, indem Sie z. B. eine Bordüre anbringen. Aus eventuell anfallenden Stoffresten wird vielleicht ein schicker Tischläufer oder ein Satz Stoffservietten. Werden Sie kreativ!

Accessoires, Schuhe und Schmuck

Nachdem nun die Kleidung ordentlich im Schrank hängt und Sie mit klarer Aufteilung und fein gefalteten Stapeln erfreut, wenden wir uns dem Zubehör der Garderobe zu. Gerade hier ist oft Bedarf, den Bestand auszudünnen und in eine Ordnung zu bringen, die Ihnen die Auswahl leicht macht.

Eine Kommode für alles Zubehör

Alle zusätzlichen Accessoires und Schmuck im Kleiderschrank unterzubringen, ist nahezu unmöglich. Ideal dafür ist eine eigene Kommode. Die kann im Schlafzimmer stehen und dort zusammen mit einem Spiegel als das fungieren, was man früher Frisiertisch nannte. Eine schöne Lösung ist es auch, wenn die Kommode im Flur bei der Garderobe steht und man so beim Hinausgehen gleich Mantel oder Jacke und dazu noch Schals und dergleichen griffbereit hat. Innerhalb der Kommode sortieren Sie am besten nach Kategorien, sodass jedes Teil künftig einen festen Platz bekommt. Entweder hat eine Kommode viele Schubfächer, die von oben einsehbar sind, oder Sie arbeiten mit verschiedenfarbigen dekorativen Schachteln, die für abgetrennte Bereiche innerhalb dieser Kommode sorgen. So schaffen Sie Ordnung, die sich leicht aufrechterhalten lässt:

Taschen werden, sofern Sie verschiedene Handtaschen benutzen, beim Wechseln komplett ausgeräumt. Lassen Sie keine alten Bonbons, gebrauchten Taschentücher, Quittungen oder Kupfergeld zurück. Schütteln Sie die Taschen sorgfältig aus und befreien Sie sie von ihrem Bodensatz. Taschen zu stapeln oder aufeinanderzulegen, tut ihnen nicht gut. Wenn es nicht anders geht, stopfen Sie sie vorher mit Zeitungspapier oder Luftpolsterfolie aus. Stellen Sie sie aber nach Möglichkeit aufrecht und nebeneinander. Taschen, die Sie nicht oft benötigen, können Sie auch nach dem Prinzip „von klein nach groß“ ineinanderstellen – aber nur so, dass sie nicht zerdrückt werden.

Die Tasche in der Tasche

Für den Fall, dass Sie Ihre Taschen oft wechseln, ist ein Handtaschen-Organizer (oder eine Kosmetiktasche) praktisch, in dem der ganze Inhalt auf einmal von Tasche zu Tasche wandert.

Wenn es zu viele Taschen sind, um sie in einem Schrank- oder Kommodenfach nebeneinanderzustellen, machen Sie die schönsten und liebsten zum Bestandteil Ihrer Wohnungsdeko. Besorgen Sie sich kleine dekorative Haken und hängen Sie die Taschen an eine frei stehende Kleiderstange. Oder Sie reihen sie auf einem Regal im Flur oder Schlafzimmer auf.

Kopfbedeckungen verstauen Sie in einem eigenen Fach oder in einer Schachtel. Mützen, Kappen und Stirnbänder lassen sich aufeinanderstapeln, ohne dass sie Schaden nehmen. Anders ist es bei Hüten, wenn man davon tatsächlich mehrere hat: Jeder sollte in seiner eigenen Schachtel Platz finden.

Schals und Tücher können Sie je nach Größe und Format zu Rechtecken falten oder zu dicken Rollen formen. Stopfen Sie sie nicht ungeordnet in ein Fach. Das führt nur dazu, dass Ihnen beim Herausnehmen eines Schals noch drei andere entgegenkommen. Sortieren Sie die Schals und Tücher so ein, dass Sie alle auf einen Blick sehen, wenn Sie die Auswahl treffen, was Sie tragen möchten.

Handschuhe bleiben beieinander, wenn man das Bündchen des einen in das seines Gegenstücks schiebt. Stülpen Sie sie aber nicht wie Strümpfe zusammen, das belastet die Bündchen zu sehr.

Gürtel werden beim Aufhängen oder Falten der Hosen herausgenommen. Gewöhnen Sie es sich an, das jedes Mal zu tun. Es schont die Hose und bewahrt ihre Passform. Zur Aufbewahrung werden die Gürtel fein säuberlich aufgerollt und in einer eigens dafür vorgesehenen Schachtel oder Schublade aufbewahrt. Die Unsitte, Gürtel an Bügel zu hängen, führt dazu, dass Nachbarstücke zerdrückt werden. Außerdem tut das Rollen den Gürteln gut, weil sie so besser in Form bleiben.

Sonstiges: Richten Sie sich in Ihrer Kommode auch Schachteln für Sonnenbrillen, Stulpen, Ohrenschützer und sonstigen Kleinkram ein, der zu Ihrer Garderobe gehört.

Lederhandschuhe sollten niemals zusammengeknüllt, geknittert oder gerollt werden. Bewahren Sie sie flach hingelegt an einem Ort auf, an dem sie vor Sonneneinstrahlung und Staub geschützt sind. Auch sollten Lederhandschuhe niemals nass oder verschmutzt verstaut werden.

Origamischachteln aus buntem Papier

Schauen Sie im Internet nach Faltanleitungen für kleine Papierschachteln mit Deckel. Sie sind einfach zu falten und sehen je nach verwendetem Papier sehr dekorativ aus.

Mit etwas Watte oder einem kleinen Stück Filz ausgelegt, sind sie der perfekte Aufbewahrungsort für Ohrringe, Armbänder und Halsketten, Broschen und andere hübsche Kostbarkeiten, die Sie an einem sicheren Ort wissen möchten.

Während Sie Ihre Kommode einräumen, fragen Sie sich auch hier kritisch, ob Sie noch alles tragen. Zu enge Mützen, einzelne Handschuhe, verfilzte Schals: weg damit! In die Kommode dürfen lediglich die Teile, die Sie gerne und regelmäßig tragen. Alles, was nur in Ausnahmefällen oder gar nicht zum Einsatz kommt, muss die Kommode verlassen. Wenn Sie sich daran halten, wird es Ihnen in Zukunft mehr Spaß machen, Ordnung im „Flohsack“ Accessoires zu halten. Bestimmt wird Ihnen dank der neuen Übersichtlichkeit auch das Styling (noch) mehr Freude bereiten.

Schmuck

Wenn bei Ihnen Assoziationen von schwärzlich gewordenem (Mode-)Schmuck und unentwirrbar ineinander verschlungenen Ketten aufkommen, ist es auch beim Schmuck Zeit zu entrümpeln. Belasten Sie sich nicht mit alten, fragwürdigen Schätzen und schaffen Sie Ordnung und Struktur in Ihrem Fundus. Eine gesonderte Schmuckschatulle brauchen Sie nicht. Schmuckstücke fühlen sich am wohlsten in eigenen Etuis. Bei wertvollem Schmuck sind sie beim Kauf sowieso dabei.

Für Schmuckstücke, die nicht von Anfang an eine Schachtel hatten, besorgen oder basteln Sie sich eine. All die kleinen Schächtelchen wandern zusammen in ein Kommodenfach, eine Schublade oder in eine größere Schachtel. Wenn Sie es ganz übersichtlich haben wollen, beschriften Sie Ihre kleinen Schachteln von außen, so haben Sie immer direkt Zugriff auf das gesuchte Stück.

Luftdicht verschlossen

Wenn Sie Silberschmuck in luftdichte Gefrierbeutel packen, am besten mit Zippverschluss, bleibt er immer schön glänzend, weil er nur anläuft, wenn er längere Zeit in Kontakt mit Sauerstoff ist.

Schuhe

Wie Sie vielleicht schon an anderer Stelle gelesen haben, bin ich der Ansicht, dass Schuhe unbedingt in einen Schuhschrank im Flur gehören. Da man die Schuhe in der Regel im Eingangsbereich auszieht, ist sinnvollerweise auch dort ihr Aufbewahrungsort. Meistens reicht der Platz nicht für alle Schuhe aus, denn Schuhe sind für viele nun einmal kein einfacher Gebrauchsgegenstand, sondern eine Philosophie. Wenn Sie High Heels tragen, bewahren Sie diese besser dauerhaft in der Originalschachtel auf. Das gilt auch für andere besonders empfindliche Exemplare, die man nicht oft trägt. Schuh-Liebhaberinnen und -Sammlerinnen sollten sich Gedanken über ein Regal mit Fächern in der Größe eines Paares machen. Dann machen nicht nur das Kaufen und Tragen, sondern auch das Aufbewahren und Pflegen Spaß, sofern man Freude am Staubwischen von lauter kleinen Regalfächern hat. Schönheit hat eben auch bei der Aufbewahrung ihren Preis ...

> **„Ich kann mich in flachen Schuhen nicht konzentrieren."**
>
> *Victoria Beckham*

Unterziehen Sie Ihre Schuhsammlung, egal wie groß sie ist, von Zeit zu Zeit einer kritischen Prüfung: Sind Schuhe darunter, die Sie seit Jahren nicht mehr getragen haben, oder finden sich Paare, die definitiv zu ausgelatscht sind oder bei denen kein Besohlen mehr die Absätze retten kann, dann weg damit. Eine seltsame Erscheinung des Alters ist übrigens, dass Füße größer werden oder zumindest empfindlicher. Das kann durchaus schon in Lebensphasen anfangen, in denen man noch nicht ans Altern denkt. Ich habe für mich beschlossen, dass zu eng gewordene Schuhe absolute No-Gos im Schuhschrank sind. Was hilft mir die Weite des Weltalls, wenn meine Schuhe zu eng sind?

Ansonsten gilt für Schuhe noch mehr als für den Rest der Garderobe: Mit guter Pflege machen sie deutlich länger Freude. Bringen

Sie Ihre Schuhe zum Ausbessern, bevor es richtig dringend wird, das schont Absätze und Sohlen ungemein. Vielleicht erwecken Sie manches Paar auch durch eine extra Pflegeeinheit mit Schuhcreme und Polierbürste zu neuem Leben.

Klopfen Sie Ihre Schuhe auch stets ordentlich aus, bevor sie im Schrank verschwinden. Besorgen Sie sich ausreichend Schuhspanner, damit – ähnlich wie bei den Kleiderbügeln – jedes Paar eigene Schuhspanner hat. Sortieren Sie Ihre Schuhe nach Kategorien und bringen Sie sie im Schuhschrank unter:

- Pumps, Sandalen, Slipper, Ballerinas
- Halbschuhe und Sneakers
- Stiefeletten und Sneakers mit hohem Schaft
- Sport-, Wander- sowie ggf. Badeschuhe

Auch Hausschuhe erhalten einen festen Platz im Schuhschrank. Dann stehen zumindest im Hochsommer keine winterwarmen Filzpuschen im Flur herum, und im Winter haben auch die Flipflops ihren angestammten Platz.

Je nach Häufigkeit des Gebrauchs und Kellerbeschaffenheit können Wander- und Badeschuhe auch im Keller auf den nächsten Einsatz warten. Im Schuhschrank erinnern sie aber an regelmäßige Bewegung.

Stiefel mit hohem Schaft finden im Kleiderschrank unter kurzen Teilen ihren Platz.

Wintermodelle, besonders die schweren und robusten, sollten Sie außerhalb der kalten Jahreszeit nach Möglichkeit in den Originalkartons lagern, bis sie wieder zum Einsatz kommen.

Eine gute Nachricht zum Schluss: Eine extreme Beschränkung bei Schuhen ist nicht unbedingt ratsam. Einige Paare zum Wechseln (auch für den gleichen Einsatzzweck) tun den Füßen gut. Die freuen sich nämlich, wenn sie nicht immer in die exakt gleiche Form gepresst werden.

Wohlfühlen im Badezimmer

Das Badezimmer ist ein Raum der Wohnung wie jeder andere auch. Er ist sogar ungemein wichtig, denn dort widmen wir uns der Körperpflege und sorgen dafür, dass wir uns wohlfühlen in unserer Haut.

Wenn Sie nicht gern ins Bad gehen, weil es dort ungemütlich ist, oder wenn Sie Schwierigkeiten haben, den Badezimmerschrank zu öffnen, ohne dass Ihnen Schächtelchen und Tiegel entgegenfallen, ist es höchste Zeit, auch einmal unter Ihren Pflege- und Kosmetikprodukten für Ordnung zu sorgen.

Beginnen Sie mit einem beherzten Rundumschlag, indem Sie alles, was sich im Badezimmerschrank befindet, herausnehmen und irgendwo zwischenlagern. Das betrifft sämtliche herumstehenden Dinge, aber auch den Inhalt aller Regale und (Wand-)Schränke. Räumen Sie alles aus und putzen Sie Ihr Bad einmal unter diesen optimalen Bedingungen. Wenn alle Flächen freigeräumt sind, geht das ganz schnell und macht so viel Spaß, dass ich gleich Lust bekomme, möglichst wenig davon auf der Spiegelablage oder in offenen Regalen abzustellen.

Wegwerfregeln

Gehen Sie beim Entsorgen nach einer einfachen Regel vor: Alles, was im Bad steht, wird auch ständig oder zumindest regelmäßig genutzt. Ist das nicht der Fall, gehört es nicht ins Bad. Sollten Sie also

Verpackungen und Behältnisse mit Staub darauf entdecken, sind diese zum Rauswurf verurteilt. Das kann die Sonnencreme vom Urlaub vor zwei Jahren sein, ein Nagellackentferner, der nicht ordentlich reinigt, oder ein Badezusatz, den man als Dusch-Fan einfach nicht braucht. Pflegeprodukte und Kosmetik haben wie Medikamente Haltbarkeitsdaten. An diese brauchen Sie sich aber (außer bei den Medikamenten!) nicht zwingend zu halten, da die Staubregel meist schon vorher greift.

Weniger ist so viel mehr

Etliche Menschen verfügen über Utensilien im Bad wie ein Handwerksmeister in seiner perfekt ausgestatteten Werkstatt.

Stäbchen für die Ohren, diverse Feil- und Raspelwerkzeuge für Hände und Füße, unterschiedliche Haarbürsten für Innen- und Außenrolle, Watte für die Reinigung der Augenpartie, Kosmetiktücher fürs Gesicht etc. Die Liste ließe sich endlos fortsetzen. Unterziehen Sie sämtliche Utensilien rund um die Schönheitspflege einer gründlichen Prüfung. Alles, was Sie nicht wirklich regelmäßig gebrauchen, entsorgen Sie.

Die einen bleiben neutral …

Verschiedene Shampoos für die unterschiedlichen Geschmäcker der einzelnen Familienmitglieder, diverse Seifenspender für unterschiedliche Handwaschvorlieben – das ist alles nicht notwendig. Sie können es so halten, wie es sich inzwischen in vielen Hotels eingebürgert hat: Besorgen Sie ein hochwertiges neutrales Wasch- und Pflegeprodukt für Groß und Klein. Sie werden erstaunt sein, wie viel Freude ein freier Badewannenrand und ein überschaubarer Schrank machen. Doch Achtung: Sollten Sie oder Familienmitglieder unter Allergien oder Unverträglichkeiten leiden und spezielle Produkte benötigen, gilt diese Empfehlung natürlich nicht für Sie.

… und die anderen zelebrieren Vielfalt

Wenn Sie zu den Menschen gehören, die sich gerne an verschiedenen Düften erfreuen und am liebsten für jede Körperpartie eine andere Creme verwenden, dann sorgen Sie für angemessene Unterbringungsmöglichkeiten. So macht Ihnen der Aufenthalt im Bad mehr Freude, und Sie behalten den Überblick, was Sie benutzen und was nicht. Es gilt wie immer die Goldene Regel: Alles, was im Bad bleibt, braucht auch einen festen Platz, an den es nach Gebrauch immer wieder zurückkehrt.

Alles am Platz

Hübsch und praktisch für die Dusche sind Hänge-Organizer, die man an die Duschkabine oder an die Wand hängen kann. Die gibt es auch in wasserfesten Varianten, sodass Sie alles gleich griffbereit haben. Aber Achtung: Nicht zu schwer beladen, wenn Sie sie an die Duschvorhangstange hängen möchten.

Der Spiegel meiner Seele

„Halte deine Spiegel sauber" ist die Regel, die eine Freundin von mir selbst aufgestellt hat. Ich beherzige sie im Bad auch ganz unbedingt. Spiegel reflektieren das Licht und machen Räume optisch größer, können also die Wahrnehmung eines Raumes positiv beeinflussen. Achten Sie deshalb stets darauf, dass der Spiegel im Bad weder Spritzer noch Putzstreifen aufweist – nicht nur wenn Gäste kommen. Den Spiegel betrachte ich als eine der wichtigsten Flächen, manchmal scheint mir, er ist der „Spiegel meiner Seele". Beim Wischen und Polieren schaue ich mich an und schenke mir ein fröhliches Lächeln – und weiter geht's.

Regeln beim Einräumen

Bevor alle Utensilien zurück ins Bad dürfen, werden sie entstaubt und gereinigt. Gehen Sie beim Einräumen nach den Rubriken Dusche/Badewanne, Waschbecken, Wandschrank/Regale vor.

- In der Dusche bzw. auf dem Badewannenrand befindet sich nur, was zum Duschen und/oder Baden notwendig ist. Darüber hinaus dürfen sich Schwämme und Massagehandschuhe dort nur aufhalten, wenn sie auch benutzt werden. Es gibt wenig Unappetitlicheres als Lappen und Schwämme, die regelmäßig nass werden und dabei immer weiter einstauben. Aber lassen Sie uns dieses Thema nicht vertiefen.

- Ebenfalls tabu sind aufgeschnittene Probepackungen, die Sie nicht nach ein, zwei

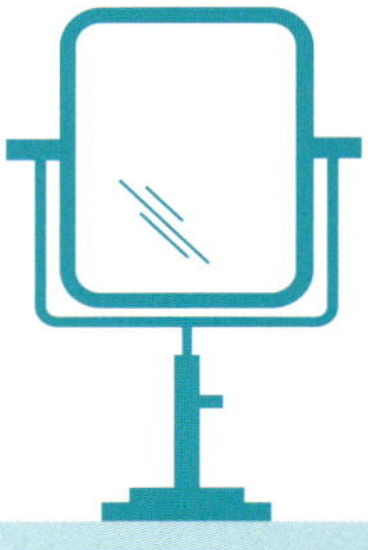

Tagen aufgebraucht haben, und herumliegende Rasierer. Erstere gehören in den Müll, Letztere werden nach der Dusche gereinigt, getrocknet und dann im Badezimmerschrank aufbewahrt.

- Auf der Spiegelablage trennen Sie nicht nach Produkten, sondern nach Benutzern. Jeder erhält seine Hälfte bzw. weniger Platz, wenn mehrere Erwachsene im Haushalt leben. Kinder dürfen ihre Zahnbürsten unten auf dem Waschbecken abstellen, damit sie diese selbst erreichen können. Alles, was vor dem Spiegel steht, muss in Benutzung sein. Hier stehen keine Ausstellungsstücke und auch keine Gerätschaften, die ab und an benutzt werden, wie Epiliergeräte oder Nagellackentferner. Die Zahnbürsten der Erwachsenen können bedenkenlos in einem Glas zusammengestellt werden. Für die Aufsätze von Elektrozahnbürsten empfiehlt sich dabei ein Schnapsglas.

- Im Regal oder Wandschrank ist der Rest verstaut. Hier richten Sie ein Fach für wichtige Medikamente ein sowie ein Fach für jedes Familienmitglied. Vielleicht geben die Herren den Damen etwas von ihren Fächern ab, da diese in aller Regel mehr Platz brauchen. Generell gilt aber, sich zu beschränken und jede Anschaffung im Hinblick auf den Platz, den sie braucht, zu hinterfragen. Kontaktlinsenträger dürfen für ihr Equipment ein wenig mehr Platz beanspruchen.

- Auf dem Waschbecken befindet sich nichts außer Handwaschmittel und ggf. Kinderzahnbürsten. Eine Seifenschale (idealerweise bruchsicher) mit einem schönen Stück Seife sieht hübscher aus als eine Plastikflasche mit Handwaschmittel, sollte aber regelmäßig gereinigt und immer trocken gehalten werden, damit die Seife sich nicht auflöst oder für immer an der Unterlage kleben bleibt. Nutzen Sie die Möglichkeit, an dieser Stelle für die Vermeidung von Plastikmüll zu sorgen.

Kleine Galerie

Hübsche kleine Schraubgläser erleichtern die Aufbewahrung von Haarbändern, Clips etc. Man sieht ihnen schon von außen an, was drin ist, was das Auffinden selbst kleiner Gegenstände leicht macht.

Ein gut eingerichteter Medizinschrank

Im Internet finden Sie Checklisten, was ein gut sortierter Medizinschrank enthalten sollte. Eine weitverbreitete Unsitte ist es, große Mengen an Medikamenten zu horten, um sich auf alle Eventualitäten vorzubereiten. Wichtig ist, dass Sie von Zeit zu Zeit die Haltbarkeitsdaten prüfen, um festzustellen, ob das jeweilige Mittel noch wirksam ist. Bringen Sie abgelaufene Medikamente zurück in die Apotheke, sie werden dort zurückgenommen. Entsorgen Sie Tabletten und Co. niemals über die Toilette!

Medikamente auf gut Glück zu kaufen, ist nicht zu empfehlen. Wenn Sie krank sind, entscheidet am besten ein Arzt oder Apotheker über die Therapie. Ebenso wird davon abgeraten, bei der nächsten Krankheit die Reste einer früheren Behandlung einzunehmen. Heben Sie also nicht zu viel auf.

Rund ums Make-up

Wer nicht viel davon braucht, kann Wimperntusche und Lippenstift in einer hübschen Schale vor dem Spiegel aufbewahren. Auch hier gilt die Staubregel: Was nicht durch regelmäßigen Gebrauch sauber bleibt, fliegt bei der nächsten Gelegenheit raus.

Wer über mehr Schminkutensilien verfügt, richtet sich dafür am besten im Wandschrank ein Fach ein. Ist der Platz dort erschöpft, greifen Sie auf dekorative Schachteln für die Unterbringung zurück.

Einfache Sache: Kein Produkt doppelt

Vorratshaltung im Bad ist absolut unnötig. Es entsteht kein Schaden, wenn einmal etwas kurz ausgeht: Statt Handseife kann man notfalls auch mal Duschgel, statt Shampoo Flüssigseife nutzen. Nachgekauft wird ein Produkt erst kurz bevor es leer ist, nicht vorher. Zur Vorsicht ist jedoch geraten bei Hautproblemen oder Unverträglichkeiten. Dann können Sie die Produkte natürlich nicht beliebig wechseln bzw. ersetzen.

FÜR ATMOSPHÄRE SORGEN

Das Bad ist einer der wichtigsten Räume in der Wohnung, sowohl für Bewohner als auch für Gäste. Halten Sie es schlicht, dafür sehr sauber. Entsorgen Sie jeglichen verstaubten Schnickschnack wie Muscheln vom vorvorletzten Urlaub oder brüchige Zierbadeschwämme. Einzige Ausnahmen bilden die Quietscheentchen der Kinder. Hier sollten Sie vorher um Erlaubnis fragen.

Organisieren Sie Ihr Bad so, dass ein Gast sich ohne Fragen darin zurechtfindet, d.h. deponieren Sie Handtücher und Nachschub an Toilettenpapier zur Selbstbedienung. WC-Steine und Raumspray riechen eher unangenehm. Mir macht es Freude, nach erfolgreicher Putzaktion im Bad eine Kerze aufzustellen und einen Spritzer meines Parfums zu versprühen, das ich einfach frei in den Raum abfeuere.

Putz-, Reinigungs- UND WASCHMITTEL

„Viel hilft viel" ist leider immer noch die Devise vieler Menschen, wenn es um Putz- und Waschmittel geht. Ich möchte Ihnen hiermit verraten, dass das Putzen durch eine zu große Auswahl an Putzmitteln eher anstrengender wird. Sparen Sie sich die Auswahl immer neuer Spezialmittelchen, die am Ende doch nicht halten, was sie versprechen. Konzentrieren Sie sich auf das Wesentliche und machen Sie sich ruhig klar, dass Putzen Arbeit ist. Auch eine große Menge an Putzmitteln nimmt einem die Arbeit nicht ab.

Meiner Ansicht nach gibt es nur eine Antwort auf die Frage nach dem richtigen Ort zur Lagerung von Putz- und Reinigungsmitteln: unter der Spüle. Mehr Raum brauchen Sie für Ihre Produkte inklusive Eimer und Lappen nicht, wenn Sie einmal gründlich ausmisten und in Zukunft auf unnötige Käufe verzichten. Waschmittel sind am besten in einer Schachtel versammelt direkt bei Ihrer Waschmaschine aufgehoben. Sollte dort kein Platz sein, gehören sie ebenfalls unter die Spüle.

Reinigungsmittel

Beginnen wir mit den Grundreinigungsmitteln, die in jedem Haushalt vorhanden sein sollten:

- Neutral- oder Essigreiniger (alternativ Orangenreiniger)
- Scheuermilch für starke Verschmutzungen
- Zitronensäure oder Essigessenz zum Entkalken
- Glasreiniger für den Badezimmerspiegel

Das Grundreinigungsmittel, das Sie für alles verwenden können, ist der Neutral-, Essig- oder Orangenreiniger. Er eignet sich für Fliesen an Wand und Boden, für Badewanne und Waschbecken, für Holzböden und für Arbeitsplatten. Auch Herd und Spüle können mit diesen Reinigern gesäubert werden. Nur für harte Fälle halten Sie Scheuermilch und Kalkentferner bereit. Auf spezielle Produkte wie Keramikreiniger oder Chrompolitur können Sie getrost verzichten. Wenn Sie mit sauberen Lappen und Schwämmen und ein wenig Muskelkraft arbeiten, braucht es keine Spezialmittel.

Sehen Sie also Ihre Putz- und Reinigungsmittel einmal gründlich durch und entfernen Sie alles, was Sie seit längerer Zeit nicht mehr benutzt haben. Alles, was Sie häufig gebrauchen, kann selbstverständlich bleiben. Weitere Reinigungsmittel unter der Spüle sind:

- Spülmittel
- ggf. Spülmaschinenpulver
- ggf. Spülmaschinensalz und Klarspüler
- ggf. Geschirrspültabs

Wenn Sie sich auf diese Weise auf das Notwendige und Sinnvolle beschränken, ist unter der Spüle auch noch Platz für einen Eimer mit ein paar Putzlappen.

Lappen, Schwamm und Bürste

Auch hier gilt: nicht verzetteln. Schaffen Sie sich je drei große Putzlappen für den Boden und kleine für den Bereich Spüle und Waschbecken an. Fürs Fensterputzen reichen ein spezielles Fenstertuch und ein

Abzieher. Alles, was sich sonst noch herumtreibt, entsorgen Sie. Benutzte Lappen sammeln Sie, nachdem Sie sie gebraucht und getrocknet haben, in einer Tüte im Putzeimer. Wenn alle Lappen benutzt sind, wandern sie für eine Kurzwäsche in die Waschmaschine. Je nachdem, wie empfindlich die Lappen sind, können Sie auch Küchenhandtücher oder Ähnliches mitwaschen. Wichtig ist, dass Ihre Putzlappen immer schmutz- und geruchsfrei sind. Nur so können Sie sich zum regelmäßigen Putzen motivieren.

Ebenso wichtig wie gute, regelmäßig gewaschene Putzlappen sind saubere Schwämme mit funktionierenden Scheuerflächen: lieber zu oft als zu selten austauschen. Mit guten Schwämmen reduzieren Sie Ihren Putzmittelverbrauch immens. Achten Sie bei den Schwämmen darauf, dass sie gut durchgetrocknet sind, bevor sie im Putzmittelschrank verschwinden. Zum Abspülen von hartnäckig verschmutzten Töpfen brauchen Sie eine Spülbürste und ggf. einen Draht- oder Stahlschwamm.

Geben Sie der Spülbürste einen festen Platz in einem Gefäß, in dem sie aufrecht stehen und gut trocknen kann. Der Draht- oder Stahlschwamm gehört zu den übrigen Schwämmen.

Abgelegte Wäsche als Putzlappen

Abgelegte Kleidung oder Wäsche, insbesondere Bettlaken etc., können Sie noch als Putzlappen verwenden. Einfach gut waschen, in Putzlappengröße zurechtschneiden, fertig! Der Vorteil dieser Lappen ist, dass Sie sie nach einmaligem Benutzen bei sehr starker Verschmutzung guten Gewissens wegwerfen, aber auch problemlos in der Waschmaschine reinigen können. Werfen Sie allerdings niemals abgelegte Kleidungsstücke, etwa T-Shirts (auch wenn sie frisch gewaschen sind), einfach so in den Putzmittelbereich. Mit etwas zu wischen, was noch aussieht wie ein Kleidungsstück, fühlt sich einfach nicht richtig an.

Waschmittel

Auch hier kann man sich mit dem Kauf unnötiger Produkte gerne mal verzetteln. Normalerweise reichen folgende Produkte vollständig aus und sollten idealerweise in unmittelbarer Nähe der Waschmaschine stehen oder aber bei den anderen Putz- und Reinigungsmitteln:

- ein Feinwaschmittel und ein Vollwaschmittel für Kleidung/Wäsche
- Anti-Kalk-Tabs
- ggf. Wollwaschmittel

- Gallseife für hartnäckige Flecken in der Wäsche
- ggf. Waschmaschinenreiniger

Prüfen Sie auch hier regelmäßig, ob Flaschen Staub angesetzt haben oder Mittel herumstehen, die Sie, z. B. wegen ihres Geruchs, nicht oder nicht gerne verwenden. Wenn dem so ist: weg damit! Fragen Sie sich ernsthaft, ob Sie neben den Waschmitteln (flüssig oder als Pulver) für die verschiedenen Waschgrade unbedingt noch diverse Weichspüler, Wäschedüfte etc. benötigen. Zweifeln Sie daran, können auch diese Mittel aus Ihrem Haushalt ausziehen oder aber Sie brauchen sie noch vollends auf oder verschenken sie. Eine Neuanschaffung ist auf jeden Fall tabu.

„Wer trübe Fenster hat, dem erscheint alles grau."

Deutsches Sprichwort

Putzmittel sauber halten

Es mag ein wenig albern klingen, aber ich finde es durchaus wichtig, Putzmittel sauber zu halten. Es geht mir darum, die Hemmschwelle möglichst niedrig zu halten. Was schmutzig und verklebt ist, fasse ich nicht gerne an, und es würde mich somit womöglich vom Putzen abhalten. Es ist wichtig, dass Sie die Putzmittel regelmäßig aus dem Schrank nehmen und die Abstellfläche und die Wände des Raums unter der Spüle reinigen. Dass Putzmittel an einem staubigen Ort zwischen muffigen Lappen stehen, macht keine Laune aufs Putzen.

Achten Sie darauf, dass alle Flaschen und Behältnisse bei der Benutzung sauber bleiben, entfernen Sie ggf. Rückstände in den Gewinden und krustige Tropfen an den Außenseiten der Flaschen.

Dass so viele Menschen eine große Menge an Putzmitteln beherbergen, liegt an der irrigen Annahme, dass Spezialmittel das Putzen erleichtern. Das ist nur selten der Fall. Putzen ist Arbeit, und daran ändert sich auch nichts durch den Geruch des Mittels oder die Anzahl der Produkte. Aggressive Schmutzlöser sind weder für die Umwelt noch für die Bewohner gut.

Halten Sie Ihren Putzschrank schlicht und sauber, achten Sie darauf, dass alle wichtigen Utensilien gut zugänglich sind. Sie werden schon bald merken, dass sich auf diese Weise Ihr Verhältnis zum Putzen positiv verändern wird.

Digitales ENTRÜMPELN

Von außen sieht er unscheinbar und (hoffentlich) staubfrei aus, aber wie ist es um das Innere Ihres Computers oder Laptops bestellt? Damit meine ich nicht den Raum unter der Tastatur oder das Gehäuse, sondern den virtuellen Raum. Es scheint ja, als könnte man dort unendlich viel aufbewahren, in Ecken schieben und getrost vergessen, ohne dass es groß belastet. Das ist aber ein Trugschluss.

Aufräumen wie im richtigen Leben

Mit zu viel Ballast sind Sie dort beschwerlicher unterwegs, denn der Rechner wird langsamer und Dateien werden zunehmend schwerer auffindbar. Beginnen Sie also das digitale Entrümpeln und verschlanken Sie die Festplatte, sodass auch im Inneren des Rechners die Energie wieder ungehindert fließt!

Endlich wieder Platz im Kopf

Betrachten Sie das Entrümpeln als eine Befreiungsaktion zugunsten Ihrer freien Zeit. Bewerten Sie kritisch, wie viel Zeit Sie mit elektronischen Geräten und im Internet verbringen, und schaffen Sie sich diesbezüglich wieder mehr Spielraum, z. B. für Sport, Spaziergänge, Lesen usw.

Festplatte ausmisten

Spätestens wenn der Rechner immer länger braucht, um hochzufahren, wird klar, dass er unter der Last des Datenmülls leidet. Und wenn Sie beim Öffnen Ihrer Ordner ein unangenehmes Gefühl überfällt, weil diese überfüllt sind und Sie nichts mehr auf Anhieb finden können, ist es höchste Zeit für eine Entrümpelungsaktion. Dies sind die notwendigen Maßnahmen:

- Entwerfen Sie eine Ordnerstruktur, die alle wichtigen Rubriken abbildet, z. B. ein Ordner pro Person im Haushalt, ein Ordner

pro Hobby, einen für sämtlichen Schriftverkehr, einen für Bilder und einen für die Steuerunterlagen. Dies hier sind natürlich nur Vorschläge, da jeder ein individuell strukturiertes Leben hat und somit auch unterschiedliche Bedürfnisse.

- Räumen Sie auch Ihre digitale Schreibtischplatte (Desktop) auf. Was sich dort befindet und wichtig ist, wird den Ordnern in Ihrer neuen Struktur einverleibt. Der Schreibtisch dient dem temporären Ablegen von Dokumenten.

- Im digitalen Bereich ist die Gefahr, unnötigen Ballast zu horten, noch viel größer als im analogen Leben. Zu viele Daten führen nun einmal nicht dazu, dass man den Laptop nicht mehr zuklappen kann. Seien Sie beim digitalen Entrümpeln so rigoros, als gälte es, Stauraum zu schaffen. „Entstauben" Sie Ordner, indem Sie Datenschrott entfernen, und wischen Sie den Desktop sauber, so wie Sie es auch mit Ihrer realen Schreibtischplatte tun. Zudem hilft die Suchfunktion beim Auffinden verschollener Daten oder Mailanhänge, die bearbeitet werden müssen.

- Löschen Sie alle Programme, die Sie nicht (regelmäßig) nutzen.
- Gehen Sie Stück für Stück durch Ihre Dateien und entscheiden Sie, was Sie behalten wollen und was nicht.
- Speichern Sie alles Wichtige, was Sie weiterhin behalten möchten, auf einen USB-Stick oder eine externe Festplatte.
- Verwenden Sie ein Cleaning-Programm, um den PC auch von unsichtbarem Ballast zu befreien, der ihn womöglich langsamer macht als notwendig.

Fotos radikal reduzieren

Durch die unbegrenzten Möglichkeiten der Digitalfotografie entstehen – gerade im Urlaub – sprichwörtliche Bilderfluten. Sortieren Sie daher alle Fotos regelmäßig und sorgfältig. Oftmals kann man einen Großteil getrost löschen, weil die Bilder entweder zehnmal das Gleiche zeigen, unscharf oder verwackelt sind. Die Arbeit lohnt sich, denn es ist viel schöner, alleine oder gemeinsam Fotos anzuschauen, die nicht nur gestochen scharf sind, sondern auch unterschiedliche Motive oder Ansichten bieten.

Musik und Filme

Das Angebot, Musik und Filme im Internet (kostenpflichtig) herunterzuladen, lässt viele Computer unter ihrer schweren Last „keuchen". Steigen Sie um auf Streaming-Dienste. So müssen Sie Filme und Musik nicht auf Ihrer Festplatte speichern, die damit übersichtlich und frei für andere, dringend benötigte Daten bleibt.

Zeit sparen im virtuellen Raum

E-Mails rationieren:

Auch wenn E-Mails gegenüber Textnachrichten ein wenig in den Hintergrund getreten sind, gehören sie zu den digitalen Zeitfressern. Abgesehen davon, dass zu viele E-Mails zu viel von Ihrer kostbaren Zeit in Anspruch nehmen (und sei es auch nur der kurze Moment, wenn Sie sie in den Müll befördern), sorgt ein freies Postfach für eine gute Arbeitsatmosphäre. Beachten Sie folgende Punkte:

- Mehrere E-Mail-Konten für eine Person sind im Grunde überflüssig. Abgesehen vom beruflichen Mailkonto sollten Sie darum nur eine weitere E-Mail-Adresse haben. Die ist für die private Korrespondenz absolut ausreichend. Wenn Sie über mehrere Konten verfügen, sollten Sie sie bis auf eines auflösen. Sonst verzettelt man sich nur beim Abrufen der Nachrichten an unterschiedliche Adressen.

- Bearbeiten Sie E-Mails nach Möglichkeit nur einmal am Tag. Gerade weil es heutzutage schnellere Möglichkeiten gibt, sich auszutauschen, erwartet niemand mehr eine sofortige Reaktion auf eine E-Mail. Auch im Büro ist es sinnvoll, nicht nonstop auf die E-Mails zu schielen und jede Mail sofort zu beantworten, weil Sie dies ablenkt und teilweise unter Druck setzt.

- Melden Sie sich von allen Newslettern ab, an denen Sie nicht wirklich Interesse haben. In jeder E-Mail, die Sie ungefragt erhalten, finden Sie im unteren Bereich einen Link, der Sie zu der entsprechenden Website führt, wo in der Regel nur kurz bestätigt werden muss, dass man derlei Post nicht mehr erhalten will.

- Löschen Sie, wenn möglich, Mails mit Anhängen (Attachments), wenn Sie diese gespeichert haben. Sie müssen die Dateien nicht an zwei Orten gleichzeitig sichern.

- Berufliches und Privates trennen: Benutzen Sie nicht Ihre berufliche E-Mail-Adresse für private Post und halten Sie Ihren privaten E-Mail-Account frei von beruflichen Mails. Das kommt Ihrer Work-Life-Balance zugute, und es kann Ihnen auch nicht passieren, dass wichtige E-Mails im falschen Postfach landen und Sie diese übersehen.

Apps kritisch prüfen:
Apps sind eine tolle Sache. Onlinebanking, Kalender, neueste Nachrichten – alles ist jederzeit und überall verfügbar. Wenn einem niemand schreibt, kann man immerhin noch mehrmals am Tag auf die Wettervorhersage gucken. Allerdings gerät man damit auch in Versuchung, für alles und jedes eine App herunterzuladen. Gerade im Bereich Spiele sind die Möglichkeiten unbegrenzt. Der Speicherplatz auf Ihrem Smartphone oder Tablet allerdings nicht. Was ist also zu tun?

- Prüfen Sie genau, was Sie herunterladen. Wenn Ihnen beim Benutzen Ihres Smartphones Apps auffallen, die nicht gebraucht werden, löschen Sie diese sofort.

- Fragen Sie sich, ob Sie für jeden Lebensbereich eine App brauchen: Ernährung, Bewegung, Meditation – alles lässt sich per App angeblich optimieren. Was Sie nicht nutzen, löschen Sie gleich.

- Bedenken Sie, dass Apps Speicherplatz brauchen. Freuen Sie sich stattdessen über eine „aufgeräumte" Oberfläche Ihres Geräts und mehr Schnelligkeit.

Soziale Medien reduzieren

Wenn Sie merken, dass Ihnen die elektronische Kommunikation mehr Zeit raubt als gewünscht, sollten Sie folgende Maßnahmen ergreifen, um sich dem nicht ganz ungefährlichen Sog der sozialen Netzwerke zu entziehen:

- Erstellen Sie zunächst eine Übersicht der sozialen Netzwerke, in denen Sie vielleicht nicht aktiv, aber angemeldet sind. Mit großer Wahrscheinlichkeit ist ein Konto dabei, das Sie sofort kündigen/auflösen können.

- Soziale Medien sind nicht nur Zeitfresser, sondern fluten auch das E-Mail-Postfach mit Benachrichtigungen. Melden Sie sich aus allen Gruppen ab, die nicht mehr relevant für Sie sind.

- Seien Sie nicht permanent erreichbar. Legen Sie Zeiten fest, zu denen Sie Ihr Smartphone nur für dringende eingehende Anrufe nutzen und nicht auf Nachrichten aus sozialen Netzwerken reagieren. Das sind zumindest die Schlafens-, Essens-, Entspannungs- (z. B. mit Yoga) und Fernsehzeiten. Dehnen Sie die „Nicht-erreichbar-Zeiten" nach und nach immer weiter aus. Sie werden eine Erleichterung spüren!

- Vergessen Sie nicht Ihre Aktivitäten und Kontakte in der realen Welt!

Kalender bzw. Termine ausmisten

Digitale Kalender, vor allem solche, die man im Smartphone mit sich herumtragen und jederzeit befüllen kann, sind eine feine Sache. Schließlich ist man jederzeit in der Lage, Termine abzuklären und dabei gleich neue auszumachen. Nutzen Sie das digitale Entrümpeln auch dazu, Ihre Termine „durchzulüften". Muss ich all diese Verabredungen eigentlich treffen, obwohl ich mich sowieso schon überlastet fühle? Will ich wirklich, dass jeder Tag mit drei elektronischen Erinnerungen beginnt? Sorgen Sie auch in Ihrer Zeitplanung für Freiräume.

Balkon und Garten

Innerhalb der vier Wände weht nun ein frischer Wind, aber wie sieht es um Ihr Haus herum oder auf dem Balkon aus? Auch Balkon und Garten sollten Sie einer gründlichen Prüfung unterziehen und von unnötigem Ballast befreien.

Der Balkon ist keine Abstellkammer

Gerne wird der Balkon besonders während der Wintermonate als Abstellraum benutzt. Das Fahrrad steht dort neben Getränkekisten, und weil es so schön bequem ist, kommt im Laufe der Monate noch mehr dazu. Alte Blumentöpfe stapeln sich auf verstaubten Stühlen, dazwischen Zeitschriften und noch ein halb voller Sack mit Grillkohle. In den Blumenkästen fristen womöglich vertrocknete Pflanzen ihr trauriges Dasein. Wenn dann der Frühling kommt, bedauert man, dass man an einem lauen Abend nicht spontan gemütlich auf dem Balkon sitzen kann.

Dabei ist ein Balkon, gerade in der Stadt, ein Luxus, den man pflegen sollte. Er ist Ihr kleines Refugium an der frischen Luft und gleichzeitig die Verbindung zwischen rein privatem Bereich und Außenwelt, sprich der Nachbarschaft.

Meine kleine grüne Lunge

Alles muss raus!

Der geeignete Zeitpunkt für eine Rundumreinigung des Balkons ist ein erster warmer Tag, an dem es nicht zu heiß und nicht zu kalt ist. Spätestens dann wird Ihnen nämlich wieder eingefallen sein, dass Sie einen Balkon haben und eventuell auch gerne benutzen möchten. Profis machen den Balkon natürlich im Herbst winterfest und lassen es gar nicht erst so weit kommen.

Wenn es aber nun mal so ist: Nutzen Sie die Energie des beginnenden Frühlings. Wie bei allen größeren Entrümpelungsaktionen gilt auch für den Balkon, dass Sie dafür einen Tag Zeit einplanen und notwendige Vorbereitungen treffen sollten: Besorgen Sie Kisten zum Packen und Müllsäcke für den Abfall und bestellen Sie falls nötig Sperrmüll. Dann wird alles ausgeräumt, was den Balkon beschwert und versperrt. Für alles, was nicht dorthin gehört und nicht zurückkehren soll, brauchen Sie eine Lösung: Das Fahrrad hängt ab jetzt im Keller oder in der Garage an der Wand, das sperrige Surf- oder Paddleboard kommt in den Keller, und alle angesprungenen Töpfe wandern in den Müll. Reinigen Sie den Balkon gründlich und bringen Sie dort ab sofort nur noch unter, was ihn schöner macht oder was Sie dort brauchen.

Sich einrichten

Machen Sie es sich so richtig gemütlich auf Ihrem Plätzchen im Grünen. Sorgen Sie für eine Sitzgelegenheit. Klapptisch und -stuhl passen auch auf einen Mini-Balkon. Wenn noch Platz ist, passt vielleicht auch eine Box für Sitzpolster mit darauf.

Ein Grill sollte meiner Meinung nach nicht dauerhaft auf dem Balkon stehen, weil er einfach nicht schön aussieht. Selbst diese Luxuskarossen unter den Grills, an die nur staatlich geprüfte Grillmeister randürfen, verderben für meinen

Geschmack ebenfalls die Optik. Aber: Das dürfen Sie natürlich gemäß Ihrer Vorlieben selbst entscheiden.

Am besten findet er einen anderen Platz in der Wohnung, besser im Keller oder in der Garage. Wenn er zu groß ist, um ihn zu bewegen, reinigen und verschließen Sie ihn stets und räumen Sie Grillkohle und Werkzeuge aus dem Weg. Wenn auf Ihrem Balkon geraucht wird, leeren und reinigen Sie täglich die Aschenbecher. Zu diesem Zweck haben sich übrigens in meinem Bekanntenkreis hübsche, fest verschließbare Dosen bewährt, die man zwischen den Pflanzen dekorativ verstecken kann. Drinnen stinken die Kippen vor sich hin, außen sieht es hübsch aus, und Sie verschonen den Mülleimer damit. Ab und an wird die Dose gleich mit in die Mülltonne entsorgt.

Ist die Aussicht nicht so attraktiv, wie Sie sich das wünschen, dann helfen ganz unbedingt Balkonblumen, selbst wenn Sie finden, dass Ihr Balkon nicht hübsch genug dafür ist. Auch für schattige Balkone finden sich blühende Pflanzen, die Farbe ins Leben bringen. Um einen Balkon mit ein paar Blumenkästen und vielleicht ein paar Topfpflanzen zu pflegen, braucht es keine große Ausstattung.

- Gießkanne
- ein Paar Gummihandschuhe
- eine kleine Schaufel, um neue Pflänzchen zu setzen
- eine Schere (je nach Bepflanzung muss es keine Gartenschere sein, aber eine Schere speziell für Balkonpflanzen sollte immer griffbereit sein)
- einen kleinen Sack mit Erde
- kleine Rankgitter oder -stäbe

Da Sie an Ihrem Balkon sehr viel mehr Freude haben, wenn man diese Dinge nicht sieht und Sie sie nur zur Benutzung hervorholen, schaffen Sie einen Ort zur Unterbringung. Das kann z. B. eine Holzkiste sein, auf die Sie eine (nicht zu schwere) Pflanze stellen. In dieser Kiste können Sie auch gerade nicht benutzte leere Blumentöpfe lagern. Wenn sie groß genug ist, passen ggf. noch ungenutzte Rankgitter hinein. Eine weitere Möglichkeit ist, ein kleines Regal auf dem Balkon aufzustellen, sofern genügend Platz vorhanden ist. Im Regal stehen die benötigten Utensilien, auf dem obersten Brett eine Pflanze, die nicht nach unten hängt, denn sonst kommen sie einander ins Gehege.

Halten Sie stets etwas Erde bereit für den Fall, dass Sie etwas umpflanzen möchten, aber übertreiben Sie es nicht mit der Menge. Fünf Liter sollten reichen, wenn die Grundbepflanzung steht. Der Sack verschwindet zusammen mit den Gerätschaften in der Kiste oder in einem Fach des Regals.

Im Loslassen
liegen die
Flügel
der
Freiheit.

BRASILIANISCHES SPRICHWORT

Im Garten

Wenn Sie einen kleinen Garten (mit Terrasse) haben, können Sie die Gerätschaften ebenfalls auf ein Minimum beschränken. Neben einem Schäufelchen, Handschuhen und einer Gartenschere, die bereits für den Balkon genannt wurden, sind dies:

- eine Spatengabel als Universalgerät zum Umgraben, Unkrautjäten und Lockern des Erdbodens vor dem Bepflanzen
- eine kleine Gartenhacke, ein sog. Handgrubber, zum Auflockern und Glätten Ihrer Beete
- ein Laubrechen
- ein guter Besen
- ein kleiner elektrischer Rasenmäher
- ggf. eine kleine Trittleiter
- ggf. eine größere Baumschere

Wägen Sie jede Anschaffung, die über dieses Sortiment hinausgeht, sorgfältig ab. Ein größerer Rasenmäher oder ein Laubbläser

sorgen für unnötigen Lärm. Eine Heckenschere kann man im Bedarfsfall ausleihen. Mit der Schubkarre herumzufahren, macht zwar Spaß, aber wenn die Wege nicht zu weit sind, können Sie auf sie verzichten und die Stellfläche frei halten. Wenn Sie sich beschränken, reicht ein kleiner Bereich in der Garage für die Unterbringung aller Geräte. Den Platz, den ein Gartenhäuschen beanspruchen würde, bepflanzen Sie lieber oder überlassen ihn den Kindern zum Spielen.

Zur Unterbringung Ihrer Gartengeräte eignet sich eine Wand in der Garage. Bringen Sie für jedes Gerät einen Haken zum Aufhängen an. Wenn Sie einen Bereich in der Garage abtreten können, steht dort auch der Rasenmäher. Lassen Sie ein wenig Platz für ein paar Kübel oder Körbe mit Pflanzen und Knollen, die im Keller überwintern müssen, sonst stolpern Sie in der dunklen Jahreszeit ständig darüber.

Zwei in einem

Sehr praktisch und auch hübsch anzusehen sind Truhen mit einem Klappdeckel, der eine gepolsterte Auflage zum Sitzen hat. Damit sparen Sie sich bei wenig Platz gleich mindestens zwei Stühle und haben auch noch zusätzlichen Stauraum.

Mülltrennung mit System

Müll trennen gelingt auch in einer kleinen Wohnung, ohne dass Säcke auf Balkon oder Terrasse herumstehen. Ein herausziehbares Fach in der Küche kann genug Behälter enthalten, um nach Plastik, Alu, Kompost, Papier und Restmüll zu trennen. Vielleicht müssen Sie diese ein wenig öfter entleeren, aber das ist der gewonnene Platz auf Balkon und Terrasse wert.

Chemikalien

Ich verzichte auf jede Chemikalie zur Unkraut- oder Schädlingsvernichtung, auf dem Balkon wie im Garten. Wenn Sie diese grundsätzlich nicht benutzen, sparen Sie gleich den Platz für Flaschen und ggf. Sprühgeräte. Dünger hingegen brauchen Pflanzen, insbesondere die, die einen Sommer lang in Kästen oder Kübeln blühen. Benutzen Sie eine einzige Düngersorte, mehr ist nicht notwendig. Am besten geeignet ist Naturdünger, weil Sie diesen auch für Küchenkräuter benutzen können. Unkraut in Steinfugen (z. B. auf Terrasse und Gehwegen), das immer wieder kommt, können Sie entfernen, indem Sie ein wenig unverdünnten Essigreiniger in die Fugen gießen.

Zimmerpflanzen

Zimmerpflanzen können Energiespender sein, allerdings nur, wenn es ihnen gut geht. Damit das der Fall ist, beachten Sie ein paar Regeln:

- Nicht benutzte Töpfe stehen nicht mit auf der Fensterbank herum. Im besten Fall sind alle Töpfe in Gebrauch. Auch ineinandergestellte Töpfe auf der Fensterbank sind tabu.

- Die Oberfläche der Erde darf nicht vermoost sein. Erstens sieht die Pflanze dann ungepflegt aus, und zweitens kann sie nicht richtig atmen und wachsen.

- Entsorgen Sie Pflanzen, die traurig vor sich hin kränkeln. Schließlich sollen die Pflanzen Sie erfreuen und Ihnen keine Sorgen bereiten.

- Benutzen Sie eine kleine Gießkanne, die dekorativ aussieht. Eine schöne Glaskaraffe tut es aber auch.

- Bewahren Sie Dünger in einer hübschen Dose auf. Die kann dann auch auf der Fensterbank stehen. Aber Achtung: Wenn Kinder sie erreichen könnten, was Sie unbedingt vermeiden sollten, muss sie gut verschlossen sein!

Gärtnern ist wie Meditation

Vergessen Sie nicht: Gärtnern ist Arbeit und braucht Geduld. Passionierte Gärtner schätzen aber gerade die Kombination aus körperlicher Betätigung und kontemplativer Versenkung beim Hacken, Jäten und Zupfen. Gute Geräte sind dafür notwendig, aber ein Übermaß davon erleichtert Ihnen die Arbeit und das Leben nicht. Verzichten Sie auf alles, was Lärm macht, und erledigen Sie möglichst viele Arbeiten mit der Hand. Es wird Ihnen guttun – und den Nachbarn, die sich über die Ruhe freuen.

Abstellkammer und Keller

Glücklich kann sich schätzen, wer über eine kleine Kammer verfügt, die alle wichtigen Gegenstände beherbergt, die man im Alltag benötigt, und vielleicht auch noch etwas Stauraum für wenig gebrauchte Dinge bietet. Dieser Raum ist viel zu schade, um zur Gerümpelkammer degradiert zu werden. Lassen Sie es nicht zu, dass sich dort irgendwelche undefinierbaren Gegenstände ansammeln, die sonst kein Zuhause finden. Sorgen Sie dafür, dass Bewegung in diesem Raum bleibt.

Die Aufwertung der Abstellkammer

Machen Sie aus der Abstellkammer eine „Bereithaltekammer“. Befinden sich dort zu viele Dinge, die nur gelagert werden und im Weg sind, wenn Sie an Bügelbrett oder Wäscheständer gelangen wollen, dann sollten Sie etwas verändern.

Zu diesem Zweck räumen Sie den Raum erst einmal komplett leer. Reparieren Sie, wenn notwendig, lose Bretter und sorgen Sie dafür, dass Regalbretter mit der Wand abschließen, damit nichts herunterfällt. Das unterste Regal wird so hoch angebracht, dass Getränkekisten darunterstehen können.

Wenn Sie jetzt nach gründlicher Reinigung alles wieder einräumen, prüfen Sie jedes Stück, ob es noch gebraucht wird. Priorität haben die Dinge, auf die Sie (fast) täglichen unversperrten Zugriff brauchen:

- Staubsauger
- Besen
- Schrubber
- Handfeger und Kehrblech
- Bügelbrett und Wäscheständer
- Eimer und Putzlappen (falls sich diese nicht unter der Spüle befinden)
- eine kleine Werkzeugkiste mit den wichtigsten Gerätschaften wie Hammer, Schraubenzieher, Zange und Meterstab

Diese Gegenstände befinden sich ganz vorne. Installieren Sie, wenn notwendig, Wandhaken, an die Sie Besen und Schrubber hängen können. Überhaupt sollten Sie alles aufhängen, was hängen kann. Der Rest wird in Kisten verstaut. Alles, was nicht von alleine stehen kann, gehört in eine Kiste. Sehr praktisch sind Boxen mit kleinen Schubfächern (aus dem Baumarkt), die Sie in die Regale schieben oder direkt an der Wand anbringen können. Auch die Innenseite der Tür sollten Sie nicht ungenutzt lassen. Bringen Sie dort Haken und kleine Körbe oder Utensilos an, sie bieten zusätzlich Platz zur Unterbringung von Kleinigkeiten wie Schrauben oder Ersatzbirnen.

Ganz wichtig: Tür frei halten

Sorgen Sie für barrierefreien Zugang zum Rumpelkämmerchen. Meist fällt der Gang dorthin ohnehin nicht leicht, weil man auf dem Weg zum Staubsauger oder zum Schrubber ist. Deshalb ist es außerordentlich hilfreich, wenn zumindest die Tür zur Abstellkammer frei bleibt und nicht durch herumstehende Schuhe und Taschen oder gar Teppichkanten behindert wird. Wenn Sie eben schnell mal zu Besen oder Staubsauger greifen können, lässt sich die Wohnung auch viel leichter in Schuss halten.

Beleuchtung

Auch wenn Sie glauben, dass z. B. das Flurlicht ausreichend ist, um in der Abstellkammer alles Notwendige zu finden: Direkte Beleuchtung ist in jeder noch so kleinen Kammer wichtig. So sehen Sie auch jederzeit, ob etwas in Unordnung geraten ist. Bringen Sie darum eine Lampe an, wenn keine vorhanden ist.

Vorratshaltung

Falls Sie Ihre Abstellkammer auch als Speisekammer nutzen, gelten drei wichtige Grundsätze:

- Chemikalien wie z. B. Frostschutzmittel oder Blumendünger werden mit einem Regalbrett Abstand von Nahrungsmitteln aufbewahrt. So kann nichts Schädliches an Ihre Lebensmittel gelangen. Idealerweise finden sie aber, so vorhanden, im Keller oder in der Garage Platz.

- Angebrochene Lebensmittel bleiben in der Küche. So kann nichts im Verborgenen schimmeln, umfallen oder auslaufen und so zu aufwendigen Putzaktionen führen.

- Nicht zu viel lagern. Da man ohnehin regelmäßig frische Lebensmittel einkauft, sollte man die Speisekammer nicht mit Mengen bestücken, als hätten Supermärkte und Geschäfte wochenlang geschlossen.

Ganz weit unten: im Keller

Im Haus oder in der Wohnung sieht es tipptopp aus, aber was eine Etage tiefer los ist, möchte man lieber gar nicht wissen. Dorthin hat man regelmäßig alles gebracht, was beim Aufräumen störte und wofür man die Entscheidung über ein Bleiberecht im Haushalt verschoben hat. Weil die Beleuchtung schummrig ist und man nie so genau hinsieht, hat sich jede Menge Unrat angesammelt. Damit ist jetzt Schluss.

Planung und Vorbereitung

- Den Keller räumt man nicht an einem Feierabend auf. Einen ganzen Tag dafür anzusetzen, ist aber auch zu viel des Guten. Wer will schon so viel Zeit am Stück bei schlechtem Licht verbringen? Halten Sie also einen knappen halben Tag dafür frei, nehmen Sie sich aber nicht zu viel vor.

- Sperrmüll abholen lassen. Wenn Sie sich entschließen, große Teile zu entsorgen, dann sollten diese auch gleich abtransportiert werden. Planen Sie so, dass nicht wochenlang Berge von Gerümpel auf Abholung warten müssen.

- Genügend saubere Kisten und Schachteln bereithalten: Am besten geeignet sind wasserdichte Behälter. Im Baumarkt finden Sie diese in unterschiedlichen Größen. Darin bleiben auch Kleider frisch und nehmen nicht den typischen modrigen Kellergeruch an.

Etappenweise zum Ziel

Arbeiten Sie in Etappen, dann verliert das Projekt seinen Schrecken. Planen Sie zwischendurch eine Kaffeepause (für alle Beteiligten, sofern vorhanden) ein, das hebt die Stimmung.

- Große sperrige Teile entsorgen
- Kisten aus den Ecken holen und wenn möglich leeren
- „Thematische Ecken" wie Einweckgläser/Vorräte, Gartenbereich, die Werkbank oder die Waschküche aufräumen

Regale und Beleuchtung

In den meisten Kellern stapeln sich Kisten ohne Plan, oft mit ausgerissenen Grifflöchern, mit feuchten muffigen Böden. Dazu kommen noch ein paar undefinierbare gefüllte Tüten, Säcke und Möbelteile. Richten Sie Ihre Kellerräume übersichtlich und strukturiert ein, z. B. mit Regalschienen und -brettern, die Sie nach Bedarf variieren können. Machen Sie alle Kisten gut zugänglich und sorgen Sie für eine „aufgeräumte" Optik, wenn Sie den Raum betreten.

Sorgen Sie überall für eine gute Beleuchtung. In den meisten Kellern tut eine einzige Birne ihren Dienst und lässt die Ecken in düsterem Dunkel liegen. Ersetzen Sie sie durch eine stärkere Leuchtstoffröhre. Wenn das zu aufwendig ist, nehmen Sie eine gute Beleuchtung in den Keller mit. Es ist wichtig, gerade die hinten liegenden Bereiche gut auszuleuchten. Das mindert ggf. auch die Angst vor Spinnweben und Kellerasseln

und macht Ihnen klar, wo Handlungsbedarf ist. Für die Aufräumaktion können Sie sich auch einen Strahler mit langem Kabel aus dem Baumarkt besorgen.

Beschriften, was in Kisten verschwindet

Wenn Sie Dinge in Kisten verstauen, ohne diese zu beschriften, ist die Gefahr recht groß, dass der Inhalt für immer in der Versenkung verschwindet. Beschriften Sie also jede Kiste, am besten von allen Seiten, bevor Sie sie stapeln und in die Ecke räumen. Benutzen Sie für eine gute Lesbarkeit einen dicken Stift. Beschreiben Sie den Inhalt exakt, etwa: „Ersatzfliesen Gäste-WC“ und nicht „Renovierung“.

Feuer und Wasser

Ergreifen Sie bei der Gelegenheit zwei wichtige Maßnahmen zur Sicherung Ihrer Keller- und Wohnräume: Entsorgen Sie alles leicht Entflammbare wie Gasflaschen oder Benzinkanister und installieren Sie einen Rauchmelder.

Lagern Sie Kisten nicht direkt auf dem Boden, auch wenn der nicht besonders feucht erscheint. Über die Monate wird in jedem Fall Feuchtigkeit und damit Modergeruch in die Kistenböden dringen. Bringen Sie Regale an, die den Boden frei halten. Das sorgt für gute Belüftung des Kellerbodens und vor allem dafür, dass Ihre Schätze keinen muffigen Geruch annehmen.

Ordnung in Auto und Garage

Ist es nicht eine wunderbare Vorstellung, dass wir über einen kleinen Raum mit bequemen Sesselchen verfügen, der uns in höherer Geschwindigkeit an andere, weit entfernte Orte bringen kann? Denn nichts anderes ist das Auto, wenn man es sich mal genau betrachtet. Einen solchen Raum sollte man auch gut behandeln. Eine Abstellkammer ist das Auto jedenfalls nicht. Schließlich verbringen die meisten von uns darin nicht gerade wenig Zeit, haben ab und an Mitfahrer, beschäftigen vielleicht auf längeren Reisen ihre Kinder darin.

Wenn die Frage „Kann ich bei dir mitfahren?“ bei Ihnen Unbehagen auslöst, weil Sie das Gefühl haben, erst einmal eine Grundreinigung in Ihrem Auto vornehmen zu müssen, dann sollten Sie nicht lange überlegen und aktiv werden.

Mein fliegendes Wohnzimmer

Zu diesem Zweck räumen Sie Ihr Auto einmal komplett leer. Das gilt nicht nur für die dort eventuell angesammelten Flaschen, Parkscheine, Verpackungsreste, Plastiktüten und Stifte, sondern auch für CDs, Straßenkarten und Kindersitze. Gönnen Sie dem Auto eine gründliche Wäsche in der Waschanlage und vielleicht auch eine Innenraumreinigung. Falls Sie selbst aussaugen, vergessen Sie nicht, auch das Armaturenbrett und die Fenster von innen zu reinigen. Machen Sie Ihr Auto zu einem Raum, in dem Sie sich wohlfühlen.

Sparsam einrichten

Seien Sie wählerisch, wenn Sie entscheiden, was Sie wieder mit ins Auto hineinnehmen. Beherzigen Sie dabei folgende Regeln:

Regel Nr. 1:
Der Kofferraum ist kein Abstell- und Stauraum. Wasserkisten und schwere Einkäufe länger herumzufahren, bedeutet nur unnötigen Kraftstoffverbrauch. Auch Kleidungsstücke und Kisten mit Gerümpel, die eigentlich entsorgt werden sollen, bleiben nicht länger im Kofferraum als nötig. Sinnvoll ist es dagegen, im Kofferraum neben der Pflichtausstattung wie Verbandskasten und -weste einen Regenschirm und eine Regenjacke sowie eine Decke aufzubewahren und vielleicht Klappboxen/Tragetaschen für (spontane) Einkäufe.

Regel Nr. 2:
Im Handschuhfach befinden sich nur wichtige Dinge. Die Bedienungsanleitung, falls sie noch vorhanden ist, das Checkheft, eine Parkscheibe, Stifte (die auch funktionieren!), ein kleiner Notizblock, eine kleine Taschenlampe und eine Rolle mit kleinen Mülltüten für alle Fälle.

Regel Nr. 3:
Der Fußraum im hinteren Bereich bleibt frei. Wanderschuhe, Reisegepäck, Sporttaschen stehen dort nur vorübergehend für eine Fahrt. Auch wenn Sie selten Mitfahrer haben, ist es deutlich angenehmer, alle verfügbaren Plätze spontan nutzen zu können.

Gerüche im Auto

Warum es immer noch Leute gibt, die sich einen Wunderbaum ins Auto hängen, wird sich mir niemals erschließen. Zur Verbesserung der Raumatmosphäre helfen, falls notwendig, Kaffee und Katzenstreu, jeweils in einem Stoffsäckchen im Innenraum verteilt. Beide nehmen Feuchtigkeit auf, und der Kaffee sorgt darüber hinaus aktiv für einen guten Geruch. Auch Duftsteine können für einen besseren Geruch im Auto sorgen. Die können Sie z. B. in die nicht benutzten Aschenbecher legen und diese je nach Bedarf öffnen oder schließen.

CDs und Straßenkarten

Auch wenn sie zunehmend MP3-Playern und Navigationsgeräten weichen, gehören zum ständigen Inventar eines Autos meist auch CDs und Straßenkarten. Dafür sind die Ablagefächer der Türen der ideale Aufbewahrungsort. Gegen Chaos mit den CDs hilft am meisten, sie einzulegen, bevor man losfährt. Denn meistens fliegen sie nur dann unkoordiniert und ohne Hülle durchs Auto, wenn man versucht, während des Fahrens die Musik zu wechseln.

Straßenkarten sind eigentlich out. Was aber, wenn das Navi versagt, von einer Großbaustelle oder dem autofreien Sonntag mitsamt Straßensperren nichts weiß? Ich fühle mich wohler mit ein wenig gutem alten Papier im Kofferraum. Gleich neben dem Reserverad. Für Notfälle eben.

Jetzt und in Zukunft

Warten Sie nicht bis zur nächsten Großreinigung, sondern halten Sie Ihr Auto permanent sauber:

- Nehmen Sie nach jeder Fahrt den Müll mit, wie z. B. den abgenagten Apfel, Verpackungen von Snacks, Parkzettel.
- Räumen Sie Einkäufe jedes Mal restlos aus dem Auto.
- Legen Sie CDs nach jedem Gebrauch zurück in die Hülle und diese an ihren Platz.

Das Haus des Autos: die Garage

Die Garage ist beim Wettbewerb um den Titel „Unaufgeräumtester Raum des Hauses“ dem Keller ganz dicht auf den Fersen. Überprüfen Sie regelmäßig: Passt das Auto vor lauter Gerümpel noch in die Garage hinein? Aber Scherz beiseite: Sobald Sie Ihr Auto grundgereinigt und geordnet haben, nehmen Sie sich die Garage vor, schließlich beherbergt sie niemand Geringeres als Ihr wichtigstes Fortbewegungsmittel, das nun auch noch blitzt, blinkt und gut riecht.

Für die Entrümpelung der Garage planen Sie vorsichtshalber einen ganzen Tag ein und machen sich, bevor Sie beginnen, ein Bild der Lage: Wie viel kann und muss raus? Müssen Sie Sperrmüll abholen lassen oder wegbringen, müssen Regalsysteme, Kisten und Wandhaken besorgt werden?

Transparente Ordnungskisten, platzsparende Regale und spezielle Haken und Schienen für die Wand sind unerlässliche Ordnungshelfer für eine gut sortierte Garage mit genügend Stauraum.

Erst wenn alles gesichtet, geplant und das Notwendige angeschafft ist, starten Sie. Es beginnt wieder mit dem berühmten kompletten Ausräumen. Nur in einer leeren

Garage können Sie sich ein Bild davon machen, wie Sie sie in Zukunft organisieren und einrichten wollen. Aufgehoben wird nur, was in Gebrauch ist. In der Regel sind das:

- je nach Jahreszeit Winter- bzw. Sommerreifen
- saisonal gebrauchte Fahrräder
- Zubehör für das Auto wie Frostschutzmittel und Reiniger für die Sprühanlage
- ggf. Gartengeräte und Rasenmäher
- ggf. Düngemittel und andere Chemikalien

Kandidaten zum Verabschieden und Wegwerfen sind:

- zu klein gewordene Kinderfahrräder oder -fahrzeuge, seit Langem nicht mehr fahrtüchtige Ersatzfahrräder

- Ersatzteile, die für unwahrscheinliche Reparaturen aufgehoben wurden

- unbrauchbare Chemikalien wie alt gewordenes Frostschutzmittel oder Bremsflüssigkeit. Beachten Sie hier bitte unbedingt die gültigen Richtlinien zur umweltgerechten Entsorgung. Ausführliche Informationen geben lokale Abfallentsorgungsunternehmen bzw. lassen sich im Internet recherchieren.

Wenn weitere Dinge in der Garage verstaut werden müssen, gilt die Kisten- und Beschriftungsregel aus Keller und Abstellkammer: Alles, was nicht von alleine stehen kann bzw. sehr klein ist, wird in Kisten aufbewahrt. Alle Kisten werden sorgfältig und eindeutig beschriftet.

Gemäß der Goldenen Regel ist die Garage das Zuhause des Autos, wo es hingehört und wo es sich wohlfühlt. Ich würde sagen: Dem Wohlfühlen steht nun (im wahrsten Sinne des Wortes) nichts mehr im Wege.

Ein neues Lebensgefühl

Merken Sie schon was? Aufräumen macht Spass, und Ordnung poliert die Seele zum blitzblanken Spiegel. Damit das so bleibt, kommen hier noch ein paar praktische Tipps für die Zukunft. Denn Ihre Zimmer sollen so schön ordentlich und übersichtlich bleiben, wie sie jetzt sind. Und Ihr Kopf und Ihre Seele natürlich auch.

Leichter GEHT'S BESSER

Sie sind im letzten Teil des Buches angekommen, Respekt! Vor allem für den Fall, dass Sie sich auch tatsächlich durch alle Räume gearbeitet und dort für klar Schiff gesorgt haben.

„So schön soll es für immer bleiben!", höre ich Sie sagen, und im Grunde möchte ich Ihnen dann am liebsten raten, noch einmal im Eingangskapitel zu blättern, um zu schauen, ob sich Ihre Einstellung zum dort Gesagten während Ihrer Arbeit an Ihrer Ordnung geändert hat.

VORSICHT, JOJO-EFFEKT!

Schon bald nach der ersten Entrümpelungsaktion werden Sie feststellen, dass Sie „dranbleiben" müssen, um den nun erreichten Zustand Ihrer Wohnung zu erhalten. Wie gesagt: Das Auf und Ab von Ordnung und Unordnung ist ein ewiger Fluss. Der Kram in den Ecken wächst nämlich schnell und heimlich wieder nach, wenn man nicht regelmäßig etwas dagegen tut bzw. diesem vorbeugt.

Was kann man tun, damit das in Zukunft nicht mehr geschieht? Eine große Entrümpelungs- und Aufräumaktion für das Haus kann man sich vorstellen wie eine Diät. Oder besser noch: eine Ernährungsumstellung. Denn wir alle wissen, dass zu krasser Entzug nur einen kurz andauernden Effekt bringt und eher dazu führt, dass der Schuss nach hinten losgeht. Hat man nun also erfolgreich abgenommen, für Platz im Kopf und in den Regalen gesorgt, ist es – ganz wie bei einer Diät auch – notwendig, die Gewohnheiten zu hinterfragen und sie umzustellen.

Gönnt man sich hier und da eine kleine Ausnahme, sind die Pfunde schneller wieder drauf, als man wahrhaben will. Die Ausnahmen werden immer häufiger, und schließlich stellt man fest, dass man schwerer ist als zuvor. Diesen berühmten Jojo-Effekt gibt es auch beim Entrümpeln: Man freut sich über den neuen Freiraum und entdeckt hübsche Ecken in der Wohnung, die Platz bieten für Neuanschaffungen. So macht man hier und da eine Ausnahme, und schnell ist die Wohnung voller als zuvor.

Gefühle beim Einkaufen

Die folgenden **Magischen Fragen** helfen, dem Jojo-Effekt erfolgreich entgegenzuwirken und unbewusste Vorgänge beim Kaufen ans Licht zu holen. Bevor Sie einen Gegenstand zur Kasse tragen oder bei der Online-Bestellung auf „Zur Kasse gehen" klicken, sollten Sie sich immer drei Fragen ehrlich beantworten.

Bei Gebrauchsgegenständen sind es diese Fragen:

- Wofür brauche ich diesen Gegenstand?
- Macht er mir das Leben wirklich leichter?
- Wo werde ich ihn unterbringen?

Bei Dingen, die Sie sich zur Freude kaufen, sind es eher diese Fragen:

- Wird mich dieser Gegenstand auf längere Zeit erfreuen?
- Gefällt er mir wirklich oder folge ich nur einem Trend?
- Wo werde ich ihn unterbringen?

Diese Fragen bewirken, dass Sie über die reine Lust am Kaufen hinausdenken. So werden Sie nicht erst nach dem Kauf bemerken, dass Sie eine unnötige Anschaffung getätigt haben.

Wenn Sie auf die bisherigen Fragen keine überzeugenden Antworten finden, stehen möglicherweise ganz andere Motive hinter dem Wunsch, etwas Neues anzuschaffen. Vielleicht fühlen Sie sich müde und abgespannt und wollen sich für einen harten Tag entschädigen. Oder Sie machen sich über etwas Sorgen, sind traurig und möchten sich trösten. Gehen Sie Ihrem Gefühl auf den Grund und überlegen Sie, ob Sie sich auf andere Weise etwas Gutes tun können, etwa mit einem Kinoabend oder einem Wellnesstag.

Ersetzen statt anhäufen

Überlegen Sie bei jeder Anschaffung, auf welches Teil in Ihrer Wohnung oder in Ihrem Kleiderschrank Sie im Gegenzug verzichten wollen. Wenn Sie Ersatz für etwas kaufen, muss das alte Teil auch wirklich weichen und wird nicht für Notfälle aufgehoben. Schaffen Sie sich also eine neue Pfeffermühle an, bedeutet das, dass die bisherige gehen muss. Es reicht nicht aus, dass das neue Stück schöner oder besser ist als die alte Mühle – wichtig ist, dass die Vorgängerin gleich den Weg zu einem neuen Besitzer oder in den Müll findet.

Leihen und verleihen

Tauschgeschäfte sind im Kommen. Nicht nur Gegenstände, sondern auch viele Dienstleistungen werden in Internetbörsen inzwischen zum Tausch angeboten. Wie wäre es, wenn Sie die Tauschkultur auch privat betreiben? Sprechen Sie sich mit Freunden oder Nachbarn ab: Kaufst du den Rasenmäher, schaffe ich den Vertikutierer an. Oder Sie vereinbaren, dass Sie immer mal wieder den Akkuschrauber ausleihen dürfen, und dafür stehen Sie bei Bedarf zur Verfügung, um die Meerschweinchen zu füttern. Sich Dinge miteinander zu teilen, festigt ganz nebenbei auch die nachbarschaftlichen Beziehungen.

Sinnvolle Geschenke

Falls Sie keine Geschenke mehr haben wollen, um zu verhindern, dass neue Problemfälle in Ihren Haushalt geraten, bleibt Ihnen keine andere Wahl, als das Ihren Freunden zu sagen. Teilen Sie ihnen mit, was Sie sich wünschen oder brauchen. Auch der deutliche Hinweis, dass man sich über Getränke oder einen Beitrag zum Geburtstagsbüfett am meisten freut, ist legitim. Manche Schenkenden sind froh, wenn sie wissen, dass Geldgeschenke willkommen sind. So sparen sich beide Seiten Mühe und Aufwand.

Sollte jemand dennoch am liebsten etwas selbst Ausgesuchtes schenken, so ist das auch in Ordnung. In dem Moment, in dem es überreicht wird, gehört es Ihnen. Sie haben ab jetzt die Entscheidungsgewalt und dürfen das Präsent verschenken, verkaufen oder wegwerfen.

Müll und Verpackungen

Zusammen mit notwendigen Anschaffungen kommt mit Verpackungen und Füllmaterial auch neuer Unrat ins Haus:

- Entsorgen Sie Verpackungen von Geräten und größere Kartons direkt bzw. sobald das Gerät läuft und sich die Quittung mit Garantie an einem sicheren Ort befindet. Stapeln Sie sie nicht auf oder in Schränken und stopfen Sie sie nicht in die Abstellkammer.

- Schaffen Sie einen Ort für Tüten und Tragetaschen, z. B. eine Papiertüte im Regal, in die Sie alle anderen Tüten zur Weiterverwendung stecken können. Behalten Sie aber nicht zu viele Tüten und entsorgen Sie die in unpassenden Größen sofort.

- Auch bei Lebensmitteleinkäufen gilt, dass man gleich nach dem Kauf alles an Verpackung entfernt, was man nicht mehr braucht, und direkt in den Müll befördert.

Ein Schritt in die Freiheit

Das Loslassen von Dingen und das innere Loslassen gehen Hand in Hand. Nicht nur, was wir besitzen, kann uns beschweren, sondern auch, was wir denken und fühlen. Und so wie es ein wenig Überwindung kostet, lang gehortete Gegenstände in den Müll zu werfen, so braucht es auch Mut, lang gehegte Gedanken und Wünsche loszulassen. Vielleicht ist es Ihnen gelungen, die ein oder andere Marotte oder Sorge, die Sie haben, beim gründlichen Aufräumen gleich mit wegzuwerfen.

Selbstliebe bedeutet auch, seine Sachen in Ordnung zu halten

Zu sich selbst gut sein

Beherzte Entrümpelungsaktionen haben das Ziel, dass alle Gegenstände in Ihrer Wohnung künftig einen festen Platz haben. Mit dieser Regel haben wir begonnen, und mit dieser Regel möchte ich schließen.

Mir macht das Aufräumen Spaß, wenn es einfach nur bedeutet, Dinge an ihren angestammten Platz zurückzustellen.

Einen idealen Zustand der Ordnung sollte man lieber nicht anstreben, denn wo gelebt wird, da verändern sich Wohnräume und kommt auch mal was in Bewegung. Viele Handgriffe tut man wieder und wieder, wie z. B. Wäsche falten und einräumen, E-Mails beantworten oder Staub wischen. Egal wie oft oder wie sorgfältig Sie es auch tun: Immer wieder wird die Wäsche schmutzig, kommen neue E-Mails an, rieselt neuer Staub. Das ist der Lauf des Lebens.

Laufen Sie mit. Bleiben Sie im Fluss und machen Sie die Aufräumzeit zu einer Zeit Ihrer persönlichen Einkehr. Während man seine Habseligkeiten sortiert und wieder an ihren Platz bringt, kann man wunderbar in sich gehen und die Gedanken gleich mit beruhigen und klären. Richtiges Aufräumen tut gut. Auch das Ordnunghalten „on the fly“ (also spontan oder nebenbei), wenn das Wegräumen automatisch zum Gebrauch eines Gegenstandes gehört, wird leicht, wenn klar ist, was wohin gehört.

Ich weiß nicht, ob es Ihnen schon aufgefallen ist: Gutes Entrümpeln und Aufräumen bedeutet letztlich nichts anderes als praktizierte Selbstliebe. Denn ich habe dabei nichts anderes im Sinn, als mir eine angenehme Umgebung zu schaffen, mit möglichst wenig Aufwand. Und ich möchte Zeit haben für alles, was mir wichtig ist.

Ordnung ist ansteckend: Alle helfen mit

Gerade Menschen, die in Familien leben, werden bei so manchem Vorschlag seufzen und sagen: „Das würde ich gerne so einrichten, wenn mir Mann und Kinder nicht schon sehr bald wieder einen Strich durch die Rechnung machen würden.“ Meistens ist diese Haltung der Ausdruck von einem anderen Problem als nur von herumliegenden Socken: In den meisten Fällen geht es ums Zuhören und das Ernstnehmen von Wünschen. Sie haben aber womöglich festgestellt, dass, wenn Sie mit entspannter Haltung ans Aufräumen herangehen, dann auch alle Beteiligten etwas relaxter ans Werk gehen. Wenn erst einmal Ordnung geschaffen ist, werden Sie feststellen, dass sie durchaus ansteckend und motivierend wirken kann.

Davon abgesehen ist es viel leichter, den Partner, die Familie oder Mitbewohner zur Ordnung zu bewegen, wenn alle wissen, was wohin gehört. Dann kann man auch Zuständigkeiten verteilen und dafür sorgen, dass alle mitmachen. Jeder ist für seinen Bereich verantwortlich und entwickelt so auch mehr Spaß am Aufräumen.

Ordnung zieht Ordnung nach sich: In einer ordentlichen Küche bekommt man Lust, gleich alles in die Spülmaschine zu räumen. Ist man aber sowieso schon von Chaos umgeben, neigt man auch dazu, erst einmal alles in bzw. neben die Spüle zu stellen oder den Tisch erst gar nicht abzuräumen.

Kinder lieben Ordnung

Ordnung ist etwas, das Kinder sehr mögen, auch wenn sie selbst nicht gerne aufräumen. Hausaufgaben erledigen sich leichter in einem aufgeräumten Zimmer. Auch das Spielen macht mehr Spaß, wenn Platz durch Aufräumen geschafft wurde. Das gemeinsame Aufräumen des Kinderzimmers kann darum eine gute Erfahrung für Eltern und Kinder sein. Motivieren Sie Ihre Kinder deshalb auch, Ordnung zu lernen und zu halten. Eine Belohnung für ein aufgeräumtes Zimmer können z. B. ein neues Buch oder neue Malstifte sein – etwas, womit Kinder im aufgeräumten Zimmer die Zeit genießen können.

Ordnung macht glücklich ...

... und einfach gute Laune. Nicht nur, dass ein großzügig eingerichtetes, ordentliches Zimmer auf den ersten Blick eine beruhigende Wirkung hat. Nein, es sind auch die neu eingezogene „innere" Ordnung, die wohlgeordneten Schränke, die Abstellkammer mit System und die hübsch sortierten Lebensmittel, die uns ein gutes Gefühl vermitteln.

Ganz nebenbei kann Ordnung sich auch beziehungsfördernd auswirken. Was gibt es Schöneres, als in einer sauberen, gemütlichen Küche gemeinsam zu kochen und sich zusammen an einem freien Tisch niederzulassen? Auch Streitereien um liegen gebliebene Socken und nicht zugedrehte Zahnpastatuben entschärfen sich, wenn sie in einer ansonsten ordentlichen Wohnung stattfinden.

Ich könnte immer weiter die Vorteile von Ordnung aufzählen, aber ich denke, dass das Wichtigste nun gesagt ist. Wenn es mir gelungen sein sollte, etwas mehr Glück und Frohsinn in Ihre vier Wände zu bringen, dann wäre das der schönste Effekt, den dieses Buch haben kann.

Wenn ich loslasse,
was ich bin,
werde ich,
was ich sein könnte.
Wenn ich loslasse,
was ich habe,
bekomme ich,
was ich brauche.

LAO-TSE

Checkliste: SEELENGERÜMPEL VERMEIDEN

So viele Regeln und Routinen habe ich in diesem Buch aufgestellt, dass ich Ihnen zum Schluss noch eine letzte Checkliste mitgeben möchte, die sich nicht ums Aufräumen dreht, aber um viele Themen, die ich beim Schreiben über das Aufräumen angesprochen habe.

Nicht nur Gerümpel in der Garage und hinter der Schranktür gilt es zu vermeiden, sondern auch und vor allem Gerümpel, das sich in unserem Innersten ansammelt, wenn wir nicht ab und zu nach dem Rechten sehen, alles Verzichtbare wegwerfen und das Vorhandene neu ordnen und auch ein wenig entstauben.

Nehmen Sie sich jeden Tag ein paar Momente Zeit für eine Unterredung mit sich selbst. Dafür reichen wenige Minuten am Morgen, bevor Sie in den Tag starten, oder ein paar am Abend, wenn Sie den Tag Revue passieren lassen.

- Führen Sie ein Tage- oder Notizbuch, um besondere Beobachtungen oder Träume festzuhalten.
- Treffen Sie von Zeit zu Zeit eine Verabredung mit sich selbst. Egal ob zu einer Meditation, einem Kinoabend oder einem Museumsbesuch.
- Nehmen Sie sich ernst, wenn negative Gefühle Sie belasten. Spüren Sie dem Gefühl nach und lassen Sie es zu. Nur so finden Sie heraus, was Ihnen hilft.
- Sprechen Sie Ihre Freunde an, wenn Sie ein Problem haben. Fragen Sie um Rat. Behalten Sie Ihren Kummer nicht für sich, sondern teilen Sie sich Ihren Mitmenschen mit. Bitten Sie um Hilfe, wenn Sie sie brauchen.
- Sprechen Sie Konflikte an, sei es in der Familie oder im Beruf. Nichts ist schädlicher für die eigene Seele, als wütende innere Monologe zu führen.
- Widersprechen Sie, wenn Sie sich sicher sind, im Recht zu sein. Schlucken Sie Ärger nicht hinunter, sondern stehen Sie ein für Ihre Wünsche und Sorgen.
- Üben Sie sich genauso darin, nachzugeben, wenn es erforderlich ist, und beharren Sie nicht auf Ihrem Standpunkt.
- Verzeihen Sie sich und anderen Fehler. Fehler gehören zum Leben. Menschen vertun sich, irren sich, verrennen sich. Auch Sie – und das ist gar nicht schlimm. Seien Sie großzügig mit sich und anderen.
- Genießen Sie jeden Glücksmoment, sobald er sich Ihnen bietet. Hinterfragen Sie ihn nicht.

Der Lohn für den Mut zum Loslassen ist nicht weniger als die Freiheit. Die Freiheit, mehr Sie selbst zu sein und sich als die Person zu zeigen, die Sie sind. Sie haften nicht länger an Dingen oder Überzeugungen, die Ihnen nur im Weg stehen. Sie sind frei und können dazu stehen, wer Sie sind, und als diese Person Ihr Leben genießen.

IMPRESSUM

Über die Autorin

Kreativität und äußere Ordnung gehören für Inga Scheidt unbedingt zusammen. Für das „Magische Aufräumbuch" hat sie sich in Theorie und Praxis des Aufräumens umgeschaut, im Freundeskreis recherchiert und über viele Jahre ihre Familie beim Leben und Aufräumen beobachtet. Mit den Tipps und Tricks aus diesem Buch will sie die Ordnung in den eigenen vier Wänden nun endlich auch mit einem großen Lesepublikum teilen und dazu motivieren, das alltägliche Chaos in den Griff zu kriegen.

Redaktion

Ulrike Schulte-Richtering

Layout

Vanessa Weuffel

Satz

Stephanie Wojtynek

Wichtiger Hinweis:

Alle Angaben, Ratschläge und Tipps in diesem Buch wurden nach dem aktuellen Wissensstand sorgfältig erarbeitet. Dennoch erfolgen alle Angaben ohne Gewähr. Verlag und Autorinnen haften nicht für eventuelle Nachteile und Schäden, die aus den im Buch gemachten praktischen Hinweisen resultieren.